1.

1. es; 2. de; 3. son; 4. es; 5. tiene; 6. son; 7. es; 8. son ... de; 9. es; 10. son ... de ... de ... de.

3.

1. la; 2. el; 3. el; 4. la; 5. el; 6. la; 7. La ... la; 8. el ... la; 9. el; 10. los; 11. los ... el; 12. las; 13. los; 14. el; 15. las ... la.

4.

1. tiene; 2. hay; 3. hemos; 4. tiene ... tengo; 5. hay que tener; 6. tiene; 7. tienes; 8. has ... he ... tengo; 9. tenéis; 10. hay ... tiene; 11. habéis ... hemos; 12. hay; 13. tiene; 14. tiene; 15. tiene.

5.

1. un; 2. una; 3. un; 4. una; 5. un; 6. un; 7. un; 8. un; 9. una; 10. una.

6.

el idioma	el reuma	la mano
el agua	el ave	las aves
el andén	el acta	las actas
la leche	la liebre	la miel
el arte	las artes	el color
el águila	el habla	la alta sociedad
la nación	la amiga	el puente
el haba	las habas	el peaje
lo agradable	lo útil	las águilas

7.

1. está; 2. están ... están; 3. estamos; 4. está ... están; 5. están; 6. está; 7. estás; 8. estoy; 9. estáis; 10. está; 11. están ... están; 12. estamos.

8.

1. alta; 2. cansada; 3. blancas ... negra; 4. fría; 5. hermosas; 6. viejos; 7. cansados ... mucha; 8. sucio; 9. trabajadores; 10. hermoso ... sonoro.

9.

1. trabaja; 2. estamos; 3. habla; 4. estudian; 5. es ... es (o: será); 6. desea; 7. tienes; 8. es; 9. es ... es; 10. faltan; 11. pasa; 12. fumas; 13. trabaja ... trabajo; 14. tiene ... tengo; 15. trabajáis ... estamos; 16. cansa ... habla; 17. es ... están; 18. tiene; 19. llega (o: llegará) ... llegado; 20. toca; 21. tomamos; 22. comprado; 23. habla ... hablo; 24. estás ... estoy ... tengo ... gano; 25. tiene ... añade.

10.

1. río; 2. flor; 3. volcán; 4. ave (o: pájaro); 5. ciudad; 6. animal (mamífero); 7. arte; 8. enfermedad; 9. insecto; 10. metal (precioso).

11.

1. es; 2. tiene; 3. estamos, 4. tengo; 5. es; 6. soy; 7. eres; 8. somos ... es; 9. sois ... somos; 10. son; 11. es ... soy; 12. está; 13. es ... tengo; 14. es ... son; 15. estamos ... tenemos (rendidos = fam. : muy cansados).

12.

1. a) ... porque no tiene ventanas; b) ... porque la luz no funciona hoy (o: de momento); 2. a) inteligente, vivo. b) preparado, dispuesto; arruinado; 3. a) tiene mal carácter. b) ... por alguna circunstancia; 4. a) tiene un físico muy bello. b) ... con el nuevo peinado; 5. recién salido de la fábrica. b) muy bien conservado; 6. a) listo, inteligente. b) no ha muerto 7. a) por temperamento. b) no se inmuta, no se altera; 8. a) educado, amable. b) presta atención, escucha con atención; 9. a) (moralmente). b) enfermo; 10. a) por temperamento, por carácter. b) ... durante la fiesta.

13. A

1. tiene, 2. comemos; 3. es; 4. es ... trabaja; 5. estudiamos; 6. tomáis; 7. llega (ha llegado; llegará); 8. llama; 9. recibo (he recibido); 10. beben; 11. llora ... tiene; 12. canta ... escribe.

13. B

1. tenemos; 2. llaman Vds. (ustedes); 3. trabajáis; 4. cantáis; 5. tenemos; 6. somos; 7. estáis cansados; 8. los alumnos compran; 9. son; 10. tenéis.

14.

1. tengo ...; 2. tengo ... ; 3. me llamo ... ; 4. me levanto a las siete; 5. estudio un idioma (dos, tres idiomas); 6. mis padres viven ... ; 7. fumo (o: no fumo) ... ; 8. tengo ... ; 9. me gusta ... ; 10. bebo ... .

15. A

1. mala; 2. joven; 3. caliente; 4. pequeña; 5. mucho ... mucho; 6. difícil; 7. abierta; 8. el más barato (el menos caro); 9. amargo; 10. tonto.

15. B

el día	la alegría	la virtud
la paz	la vejez	el enano
la dulzura	la maldad	el silencio
la fealdad	la compra	el deshonor
la pobreza	el calor	la modestia, la humildad

16.

1. El montañero consiguió llegar hasta la cumbre. El rey salió de caza con sus monteros. Los montañeses son los habitantes de las montañas. 2. El partido socialista obtuvo la mayoría. ¿ Viste anoche el partido de fútbol en la televisión? Hemos organizado una partida de caza para el domingo; 3. El parte meteorológico anuncia buen tiempo para mañana. La mayor parte del día la pasaron en agradable conver-

sación; 4. El cometa Halley tarda 76 años en describir su órbita. El niño sujetaba la cometa con una cuerda muy larga; 5. Antonio toca el piano, el violín y la guitarra con gran maestría. Me gusta jugar al billar, al fútbol y a los naipes; 6. Tengo una cartera de piel y otra, de plástico. Se llama cartelera la sección en los periódicos donde se anuncian los espectáculos; 7. El editorial que publica el ABC de hoy es muy interesante. Este libro lo ha publicado la editorial Max Hueber; 8. Me han regalado un corte de franela. Pepe está haciendo la corte a una viuda; 9. Esta' empresa posee un capital de cincuenta millones de pesetas. La capital de Honduras es Tegucigalpa; 10. El río Ebro posee numerosos afluentes. Lo más característico del litoral gallego son las rías.

17.

1. como, comes, usted (él, ella) come, comemos, coméis, ustedes (ellos, ellas) comen; 2. me levanto, te levantas, usted (él, ella) se levanta, nos levantamos, os levantáis, ustedes (ellos, ellas) se levantan; 3. bebo, bebes, usted (él, ella) bebe, bebemos, bebéis, ustedes (ellos, ellas) beben; 4. no lavo, no lavas, usted (él, ella) no lava, no lavamos, no laváis, ustedes (ellos, ellas) no lavan; 5. tengo, tienes, usted (él, ella) tiene tenemos tenéis, ustedes (ellos, ellas) tienen; 6. soy, eres, usted (él, ella) es, somos, sois, ustedes (ellos, ellas) son; 7. escribo, escribes, usted (él, ella) escribe, escribimos, escribís, ustedes (ellos, ellas) escriben; 8. estoy, estás, usted (él, ella) está, estamos, estáis, ustedes (ellos, ellas) están; 9. vivo, vives, usted (él, ella) vive, vivimos, vivís, ustedes (ellos. ellas) viven; 10. hablo, hablas, usted (él, ella) habla, hablamos, habláis, ustedes (ellos, ellas) hablan.

18.

las aguas	los ferrocarriles	los lores
los ingleses	los carteles	los cártels
las bocacalles	los albornoces	los martes
los meses	los bueyes	las crisis
los claveles	los regímenes	los jabalíes
los tíos	las leyes	los pies
los andenes	las cruces	los papás
los caracteres	las naciones	los andaluces
las hachas	los sofás	las mieses
las niñas hermosas	los individuos grandotes	los gatos chiquitines
los toros bravos	los señores distinguidos	

19.

1. come; 2. beba; 3. cantad; 4. ten; 5. llore; 6. trabajéis; 7. escribe; 8. llame; 9. laves; 10. trabajad.

20.

1. hace; 2. hace; 3. hago; 4. haces; 5. hacen; 6. hace; 7. hacéis; 8. hacemos; 9. haga; 10. hace.

21.

A. 1. qué; 2. qué; 3. qué; 4. qué; 5. que; 6. qué.
B. 1. porque; 2. por qué; 3. por qué; 4. porque.
C. 1. cómo; 2. cómo; 3. como; 4. como.
D. 1. cuándo; 2. cuando; 3. cuándo; 4. cuando; 5. cuándo; 6. cuando.
E. 1. aún; 2. aún, 3. aun; 4. aun; 5. aun; 6. aun.

22.

1. beben; 2. escribe; 3. dan; 4. lava; 5. lleva; 6. escribimos; 7. tiene; 8. comes; 9. llega; 10. vive; 11. suben; 12. cenáis ... cenamos; 13. toman; 14. ilumina; 15. llega.

23.

A. 1. mucho; 2. muchas ... hermosas; 3. bonita; 4. cómoda; 5. amplia; 6. todos; 7. cuántos; 8. mucha; 9. poca; 10. negro ... hermoso.
B. 1. fría; 2. solos; 3. alta; 4. caros; 5. tonto; 6. amable; 7. últimas; 8. amplias, 9. ancha ... larga; 10. sana.

24.

1. viaja ... en ... en; 2. mando ... a ... por; 3. en (por); 4. está ... de ... tome; 5. ha sido; 6. de ... pasado; 7. tenemos ... sale ... de; 8. besa ... a ... del; 9. está ... de; 10. de ... sorprendido.

25.

1. de ... con; 2. al; 3. de ... de; 4. para; 5. por; 6. de ... (para; con motivo de); 7. de ... al; 8. de ... a; ... que ... a; 9. con; 10. en.

26.

A. 1. dónde ... dónde; 2. dónde; 3. donde; 4. donde; 5. donde; 6. donde.
B. 1. adónde ... adónde; 2. adonde; 3. adónde; 4. adonde; 5. adónde; 6. adónde.
C. 1. este ... ese; 2. estas; 3. esta; 4. esos ... éste; 5. éstas ... aquéllos; 6. éstos; 7. éstos ... aquéllos; 8. estas ... aquéllas; 9. ese.
D. 1. quién ... quién ... quién ... quiénes; 2. quien; 3. quien; 4. quien ... quien; 5. quién; 6. quién ... quién; 7. quién; 8. quien.

27.

1. en; 2. al; 3. a; 4. a ... a; 5. en; 6. a; 7. en; 8. en; 9. en ... en; 10. en; 11. a ... de ... con; 12. en ... en; 13. en ... al ... en; 14. a; 15. para; (de); 16. a ... de; 17. a ... de; 18. de ... de; 19. en ... de ... de; 20. en ... de ... de.

28.

1. la; 2. lo; 3. lo; 4. la; 5. le; 6. la; 7. la; 8. lo; 9. se lo; 10. nos

29.

1. ocupa ... en ... de; 2. de ... en ... del ... de ... permite ... de; 3. de ... de ... se tienen ... fueron ... de; 4. de ... es ... ha sido ... para ... de ... de; 5. de ... de ... de ... se destina ... a; 6. es ... en; 7. es ... de ... en ... está ... de; 8. de ... está ... en; 9. tienen ... de ... cubren ... de; 10. de ... abundan ... de.

30.

A. lleva; B. llevo ... pasa; A. es ... acostumbrado; B. estoy; A. dicen ... gusta; B. es ... hay ... se debe; A. tiene ... olvidamos ... vamos; B. tiene; A. son; B. hay; A. hemos; B. insiste ... se nota; A. están ... están ... funcionan; B. son ... son; A. es ... es ... entra ... ofrecen ... hacen ... resultan ... hay ... es.

31.

1. ha cantado; 2. he tenido; 3. has cenado; 4. habéis bebido; 5. he recibido; 6. habéis tenido; 7. han llegado; 8. ha trabajado; 9. ha venido; 10. han tenido.

32.

1. hay ... en ... hay; 2. comprado ... costado ... sido; 3. cerrado ... sido ... entraba; 4. toca ... toca; 5. vendido ... he; 6. perdido ... de ... buscado ... por ... por ... por ... encontrado; 7. celebra ... comprado ... de ... de ... regalado ... de; 8. cenamos ... en ... a ... cenamos ... en ... tengo ... de ... de ... está ... en ... quedamos ... con; 9. tengo ... llovido ... está; 10. gusta ... tiene ... es ... cansa ... es.

33.

1. mucho; 2. muy; 3. mucho; 4. muy; 5. muy; 6. mucho; 7. muy; 8. mucho; 9. mucho; 10. muchos ... muy; 11. mucho ... muy; 12. muy; 13. muchas ... muy; 14. muy; 15. muchas.

34.

1. estás; 2. son; 3. está; 4. está ... es; 5. está; 6. somos; 7. es; 8. es; 9. está; 10. estamos; 11. es; 12. está; 13. estoy; 14. es; 15. es.

35.

A. 1. estos vinos son muy caros; 2. estamos cansados; 3. tenemos mucho miedo; 4. los estudiantes trabajan poco; 5. tus hermanos son unos grandes deportistas; 6. mis amigos no están en casa; 7. hablamos poco español; 8. somos los hijos de Juan García; 9. ¿tenéis los libros?; 10. ¿estáis en el jardín? 11. ¿no trabajáis hoy?; 12. los alumnos compran unos diccionarios; 13. sois muy trabajadores; 14. ¿por qué no descansáis un poco?; 15. estos señores cantan muy bien.

B. 1. el niño está enfermo; 2. esta casa es muy alta; 3. soy de Sevilla; 4. tengo mucha sed; 5. ¿tiene Vd. la entrada para el cine?; 6. estoy en París; 7. esta chica es de buena familia; 8. ¿eres el hijo de Pedro?; 9. tienes que trabajar más; 10. ¿estás en casa?; 11. el alumno estudia español; 12. cantas muy bien; 13. no lavo la ropa en casa; 14. ¿cómo te llamas, niño?; 15. el obrero descansa un rato.

36.

1. corto; 2. reducido; 3. triste; 4. estéril; 5. larga; 6. difícil; 7. alta; 8. baratas; 9. viejo; 10. ancha; 11. caliente; 12. madura; 13. rápido; 14. rico; 15. transparente.

37.

1. tiene ... tengo; 2. espera; 3. he recibido; 4. explica; 5. ha aceptado; 6. estoy ... desea; 7. esperamos; 8. ha preguntado; 9. has lavado; 10. estudian ... han aprendido; 11. importa; 12. habéis recibido; 13. exportan; 14. habla; 15. has estado; 16. han llegado; 17. comprendo ... trabajas; 18. habéis tomado; 19. has aprendido; 20. ha sido.

38.

meses
voces
bueyes
reses
cafés
leyes
luces
mieses
bambúes
veces
galanes
regímenes

esquís (esquíes)
cárceles
convoyes
varones
fracs (fraques)
ciudades
miércoles
tisúes
cruces
naciones
capitanes
jueves

caracteres
viernes
hidalgos
cadáveres
jabalíes
gentil(es) hombres
ferrocarriles
sacacorchos
iraquíes
marroquíes
israelíes
pakistaníes

39.

1. para ... para; 2. de; 3. al; 4. al ... de; 5. a; 6. en ... de; 7. en; 8. de; 9. a ... a (para casa [fam.]; otro sentido: de casa); 10. de ... de ... de.

40.

triste
amargo
rico
bajo
malo
sucio
feo

corto
estrecho
pequeño
áspero
barato
fuerte
delgado

tosco
oscuro
invisible
perezoso
ignorante
reducido
duro

41.

1. ¡trabaja! ¡trabaje Vd.! ¡trabajemos! ¡trabajad! ¡trabajen Vds.! ¡no trabajes! ¡no trabaje Vd.! ¡no trabajemos! ¡no trabajéis! ¡no trabajen Vds.! 2. ¡sé! ¡sea Vd.! ¡seamos! ¡sed! ¡sean Vds.! ¡no seas! ¡no sea Vd.! ¡no seamos! ¡no seáis! ¡no sean Vds.! 3. ¡permite! ¡permita Vd.! ¡permitamos! ¡permitid! ¡permitan Vds.! ¡no permitas! ¡no permita Vd.! ¡no permitamos! ¡no permitáis! ¡no permitan Vds.!

4. ¡escribe! ¡escriba Vd.! ¡escribamos! ¡escribid! ¡escriban Vds.! ¡no escribas! ¡no escriba Vd.! ¡no escribamos! ¡no escribáis! ¡no escriban Vds.! 5. ¡levántate! ¡levántese Vd.! ¡levantémonos! ¡levantaos! ¡levántense Vds.! ¡no te levantes! ¡no se levante Vd.! ¡no nos levantemos! ¡no os levantéis! ¡no se levanten Vds.! 6. ¡vende! ¡venda Vd.! ¡vendamos! ¡vended! ¡vendan Vds.! ¡no vendas! ¡no venda Vd.! ¡no vendamos! ¡no vendáis! ¿no vendan Vds.! 7. ¡bebe! ¡beba Vd.! ¡bebamos! ¡bebed! ¡no bebas! ¡no beba Vd.! ¡no bebamos! ¡no bebáis! ¡no beban Vds.! 8. ¡está(te)! ¡esté Vd.! ¡estemos! ¡estad! ¡estén Vds.! ¡no estés! ¡no esté Vd.! ¡no estemos! ¡no estéis! ¡no estén Vds.! 9. ¡corre! ¡corra Vd.! ¡corramos! ¡corred! ¡corran Vds.! ¡no corra Vd.! ¡no corramos! ¡no corráis! ¡no corran Vds.! 10. ¡ten! ¡tenga Vd.! ¡tengamos! ¡tened! ¡tengan Vds.! ¡no tengas! ¡no tenga Vd.! ¡no tengamos! ¡no tengáis! ¡no tengan Vds.! 11. ¡come! ¡coma Vd.! ¡comamos! ¡comed! ¡coman Vds.! ¡no comas! ¡no coma Vd.! ¡no comamos! ¡no comáis! ¡no coman Vds.! 12. ¡contesta! ¡conteste Vd.! ¡contestemos! ¡contestad! ¡contesten Vds.! ¡no contestes! ¡no conteste Vd.! ¡no contestemos! ¡no contestéis! ¡no contesten Vds.!

42.

1. en ... de; 2. más ... que; 3. tan ... como; 4. más ... de; 5. el ... más ... de; 6. en ... en; 7. del; 8. cuántos ; 9. en; 10. de, (en, por) ... de; 11. a; 12. en.

43.

1. habéis llegado; 2. he estado; 3. hemos tenido; 4. has escrito; 5. he bebido; 6. has comprado; 7. ha estado; 8. se ha levantado; 9. he desayunado; 10. has comido; 11. ha tenido; 12. has estado; 13. me he lavado; 14. ha vendido; 15. habéis trabajado; 16. Ha ido ... no he ido.

44.

1. llegó; 2. tuvimos; 3. fue; 4. tuvo; 5. estuve; 6. compré; 7. causó; 8. pasé ... entré; 9. se lavó; 10. comimos.

45.

1. por ... a ... en; 2. por ... a; 3. al ... de; 4. para; 5. a ... para; 6. en ... del; 7. en; 8. del; 9. con; 10. por.

46.

1. se compone; 2. tienen ... se llaman; 3. viven ... elaboran; 4. estudian; 5. tienen; 6. lleva; 7. se saca; 8. dilata; 9. comprendes ... tiene; 10. alcanza; 11. dispone; 12. impone.

47.

1. toda; 2. comprado ... en ... de; 3. por ... por ... por; 4. más ... que; 5. habla ... hablo; 6. hay; 7. vive; 8. al ... a ... de; 9. que ... al; 10. tiene; 11. en ... hace; 12. es; 13. gastado; 14. de ... a; 15. del ... primavera, verano, otoño, invierno; 16. mejor; 17. de; 18. más ... que; 19. a; 20. se marcha.

48.

A. está; B. tiene; A. tengo ... tenemos ... es ... tenemos ... hay; B. está ... llama ... es; A. estamos; C. desean; A. tomaré; A. van; B. van ... tengo ... necesito ... llegan ... falta ... está; A. tiene ... tiene ... trabaja ... habla ... explica; A. estado ... está; B. alegro; A. es ... tengo; B. tiene ... tengo.

49.

1. de; 2. están; 3. de; 4. tiene ... lunes, martes, miércoles, jueves, viernes, sábado, domingo, 5. enero, febrero, marzo, abril, mayo, junio, julio, agosto, septiembre, octubre, noviembre, diciembre; 6. en ... son ... cortos ... largas; 7. más hermosa; 8. al; 9. has; 10. ha; 11. en; 12. Ha ... he.

50.

A. 1. más; 2. más; 3. tan ... como; 4. mejor; 5. más; 6. más ... que; 7. mejores; 8. menor; 9. mayor; 10. mejor; 11. más; 12. menos.

B. 1. riquísimo; 2. celebérrimo; 3. aspérrimo; 4. malísima, pésima; 5. amabilísima; 6. antiquísima; 7. ~~fuertísimo~~; 8. cansadísimos; 9. guapísima; 10. larguísima; 11. simpatiquísima; 12. riquísimo.

51.

1. a; 2. de; 3. en; 4. de; 5. al; 6. para (tu h. es el destinatario); a tu hermano (él ha vendido el l.); de tu hermano (él es autor del l.); 7. en; 8. por ... de; 9. a; 10. en; 11. a; 12. en; 13. para; 14. a; 15. a ... de ... con.

52.

1. es; 2. es; 3. es; 4. soy; 5. está; 6. está ... está; 7. es ... está; 8. está ... son; 9. está; 10. son; 11. es ... estamos; 12. es; 13. es; 14. está; 15. es.

53.

1. estaré; 2. trabajaremos; 3. me levantaré; 4. tendré; 5. tomaré; 6. comerás; 7. te escribiré; 8. llegará; 9. estará; 10. seremos; 11. compraremos; 12. tendréis; 13. estaremos; 14. cenaré; 15. estarán.

54.

1. de; 2. del; 3. con; 4. en; 5. a ... a; 6. de; 7. de; 8. con; 9. por; 10. al ... de; 11. en; 12. por ... de; 13. en; 14. en; 15. con ... sobre.

55.

1. lavando; 2. comiendo; 3. escribiendo; 4. trabajando; 5. corriendo; 6. esperando; 7. tocando; 8. traduciendo; 9. tomando; 10. preparando; 11. buscando; 12. soñando.

56.

1. está; 2. es ... son; 3. es ... soy; 4. estamos; 5. está; 6. es; 7. es; 8. está; 9. estamos ... es; 10. está; 11. es; 12. está ... está; 13. son ... es; 14. es ... está; 15. está; 16. es; 17. estáis ... será; 18. es; 19. es; 20. está ... es.

57.

1. va; 2. voy; 3. vamos; 4. vas; 5. va; 6. vais ... vamos; 7. voy; 8. van; 9. vayas; 10. va; 11. vais; 12. vamos; 13. va ... irá; 14. vas; 15. vamos.

58.

1. por (en); 2. por; 3. por; 4. a ... de; 5. con; 6. de; 7. con ... en; 8. a; 9. con; 10. de; 11. entre; 12. a ... con.

59.

1. te ... me; 2. me; 3. te; 4. lavaros; 5. nos; 6. acostumbrarte; 7. te ... me; 8. se; 9. os; 10. nos; 11. meterme; 12. te.

60.

1. la; 2. la; 3. quiénes; 4. el; 5. los ... lo; 6. quién (personas); qué (cosas); 7. que; 8. quién; 9. qué; 10. cuyo.

61.

1. a; 2. de; 3. en; 4. en; 5. de; 6. a; 7. con; 8. del; 9. de; 10. con; 11. para; 12. por; 13. para ... en; 14. de; 15. del.

62.

1. doy; 2. dices; 3. anda; 4. digo; 5. dice ... anda; 6. damos; 7. diga; 8. dices ... daré; 9. des; 10. dicen ... da.

63.

A. parece; B. gusta ... he visto; A. ha visitado; A. está ... hay; B. son ... es ... se olvidan ... existen ... son; A. comprendo ... son ... son; B. estoy ... son ... reflejan; A. tiene; B. parece ... se cultiva; A. se cultiva ... se elabora; B. es; A. es ... tiene; B. gusta ... es; A. se remonta; B. se está ... se nota ... hace; A. tiene ... gusta ... nos quedaremos (quedamos); B. traigan.

64.

1. vende ... de; 2. de ... sale ... por; 3. hace; 4. habla; 5. subimos a ... nos quedamos en ... del; 6. son ... pasa; 7. produce; 8. toma; 9. paga; 10. trabajamos ... en; 11. en ... de ... existen; 12. tengo ... de ... se trata ... necesito; 13. toma ... desea ... a; 14. exporta; 15. de ... de ... celebra.

65.

1. al; 2. a; 3. ...; 4. ...; 5. a; 6. ...; 7. el; 8. ...; 9. a; 10. una; 11. a; 12. .../a.

66.

1. se llama; 2. trabaja ... de ... tiene ... con ... habla ... escribe ... lleva ... con; 3. tiene ... con ... tiene ... para; 4. vive ... vivo; 5. tiene ... de ... de; 6. se vende ... necesito; 7. tengo ... de ... hay ... calza ... está ... gusta ... tenemos ... gustan ...

quedo; 8. comprado; 9. robado; 10. pasado ... en; 11. se equivoca; 12. saca ... de; 13. llamado a ... sido ... tiene ... para; 14. se hablan ... del; 15. existe; 16. se bebe ... se bebe en ... se toma de (como); 17. son ... a; 18. es ... de ... hay ... en ... de ... con; 19. comprende; 20. es ... a ... será.

67.

1. es; 2. está; 3. estuvo; 4. es; 5. es; 6. está; 7. está; 8. está; 9. es; 10. está; 11. es; 12. estoy; 13. está; 14. está; 15. está.

68.

1. en; 2. a; 3. en; 4. en; 5. en; 6. al ... a; 7. en; 8. de ... a ... ...; 9. a ... por; 10. en ... en; 11. para ... de; 12. de ... a ... al ... a.

69.

1. ...; 2. a; 3. a; 4. a; 5. ... ...; 6. ...; 7. a; 8. a; 9. ... (a Méjico; también se usa, pero es más literario); 10. ...; 11. a; 12. ... a; 13. a; 14. al; 15. a; 16. a; 17. ...; 18. a; 19. a; 20. el.

70.

A. 1. antipático; 2. alegre; 3. mala; 4. pródigo; 5. educados; 6. estrecho; 7. nuevos; 8. pequeña; 9. delgada; 10. claro; 11. guapa; 12. grueso.

B. 1. húmedo; 2. mojada; 3. flaco; 4. feliz; 5. pesado; 6. descontento; 7. justo; 8. sencillo; 9. suave; 10. artificial.

C. 1. agradecido; 2. trabajadores; 3. desobedientes; 4. valientes; 5. mezquino; 6. orgullosos; 7. desagradable; 8. débil; 9. sucio; 10. blando.

71.

1. a ... a; 2. en; 3. para; 4. por; 5. en ... en; 6. por; 7. por; 8. a ... al; 9. el; 10. a; 11. al; 12. de; 13. de; 14. de; 15. de; 16. de; 17. ...; 18. en ... de ... a; 19. en; 20. por, en.

72.

1. quiero ... salgáis ... hace; 2. viste; 3. dígame ... quiere; 4. quiero ... estudien; 5. quieres ... diga; 6. vale ... vengan; 7. espere ... venga; 8. busca ... sepa; 9. bendiga ... tenga; 10. sepa; 11. vayamos; 12. guste.

73.

A. 1. cómo ... cómo ... cómo ... cómo ... cómo ... cómo; 2. como; 3. como; 4. como; 5. como; 6. cómo; 7. cómo; 8. cómo; 9. como; 10. cómo; 11. cómo; 12. cómo.

B. 1. por qué; 2. por qué; 3. porqué; 4. por qué; 5. porque.

C. 1. mi ... mí; 2. mi; 3. mí; 4. mi.

D. 1. tu; 2. tú ... tu; 3. tu ... tú; 4. tú.

E. 1. te ... té; 2. té; 3. te ... te; 4. te.

74.

A.

hecho	cubierto	querido	comprimido	dado	escrito
conocido	dicho	compuesto	caído	llovido	vuelto
ido	muerto	resuelto	visto	andado	destruido
sabido	nacido	satisfecho	traído	roto	devuelto
atraído	puesto	disuelto	abierto	bendecido o: bendito	absuelto

B.

sal, salid	ve, id	ven, venid
di, decid	da, dad	pide, pedid
trae, traed	haz, haced	satisfaz (satisface), satisfaced
pon, poned	duerme, dormid	devuelve, devolved
trabaja, trabajad	come, comed	divide, dividid
anda, andad	conduce, conducid	sabe, sabed
cree, creed	ríe, reíd	fríe, freíd
juega, jugad	corre, corred	escribe, escribid

75.

A. 1. marroquí; 2. ruso; 3. berlinés; 4. guatemalteco; 5. turco; 6. cordobés; 7. egipcio; 8. lapón; 9. bonaerense (Provincia); porteño (Capital); 10. hondureño; 11. sueco; 12. riojano; 13. puertorriqueño, portorriqueño, borinqueño; 14. israeli; 15. manchego; 16. neoyorquino; 17. flamenco; 18. gaditano; 19. persa; 20. argelino; 21. donostiarra; easonense; 22. canadiense; 23. ibicenco; 24. londinense; 25. extremeño; 26. croata; 27. albanés, albano; 28. luxemburgués; 29. senegalés; 30. árabe.

B. 1. los Pirineos; 2. la Mancha; 3. los Balcanes; 4. el Mediterráneo; 5. los Alpes; 6. los Andes; 7. el Báltico; 8. Sagunto; 9. Filipinas; 10. Río de la Plata; 11. Suiza; 12. la Pampa; 13. Santander; 14. Madrid („matritense" es más culto y menos corriente que „madrileño"); 15. Teruel; 16. Valladolid; 17. San Sebastián; 18. Salamanca.

76.

1. está; 2. es; 3. es; 4. estuve; 5. es; 6. está; 7. estuvimos ... estamos ... estar; 8. es ... está; 9. es; 10. está; 11. está ... es; 12. está ... está; 13. es ... estuvo; 14. es; 15. están.

77.

emperatriz	alcaldesa	(sin femenino)
princesa	reina	costurera
		modista (menos corriente: sastra)
Juana	abadesa	gallina
doctora	madrastra	duquesa
poetisa	diaconisa	pava
pastora	condesa	madrina

actriz	autora	sacerdotisa
heroína	zarina	marquesa
profetisa	yegua	baronesa

78.

1. se; 2. entregarse; 3. me; 4. te; 5. afeitarme; 6. me; 7. nos; 8. callarse; 9. se; 10. nos.

79.

A. cero; veinticuatro; ciento treinta y siete; mil; doscientos marcos; doscientas pesetas; cuatrocientas mujeres; mil quinientas pesetas; diecisiete grados bajo cero; ocho grados sobre cero; veinticuatro pesetas (con) cincuenta céntimos; diez enteros cinco décimas; tres enteros tres décimas; ciento uno; veintiún libros; veintiuna pesetas; cincuenta y siete centésimas; trescientos treinta y tres; veinticuatro libros; cien kilos; ciento veinticuatro kilos; diez arrobas; un kilo y medio; dos tercios; tres cuartos; son las tres cuarenta y siete; el tren sale a las veintiuna cuarenta y dos.

B. be - uve - equis - ye; i griega - ce - elle - eñe - ge - jota - ka - cu - hache - che.

C. Enrique cuarto; Alfonso décimo; Carlos quinto; Alfonso trece; Felipe segundo; el papa Paulo sexto; Fernando séptimo; Luis catorce; el siglo diecinueve; Carlos tercero; Carlos primero; el papa Juan veintitrés.

80.

A. 1. juegan; 2. roe; 3. se vuelven; 4. se pone; 5. defiendo; 6. vienes; 7. cierra; 8. pide; 9. hacen; 10. divierto.

B. 1. jugaron; 2. royó; 3. se volvieron; 4. se puso; 5. defendí; 6. viniste; 7. cerró; 8. pidió; 9. hicieron; 10. divertí.

C. 1. jugarán; 2. roerá; 3. se volverán; 4. se pondrá; 5. defenderé; 6. vendrás; 7. cerrará; 8. pedirá; 9. harán; 10. divertiré.

D. 1. han jugado; 2. ha roído; 3. se han vuelto; 4. se ha puesto; 5. he defendido; 6. has venido; 7. ha cerrado; 8. ha pedido; 9. han hecho; 10. he divertido.

81.

1. Y no habiendo más asuntos que tratar, se levanta la sesión. El padre ha hecho cesión de sus derechos a favor de su hijo; 2. El carbono es el constituyente más importante del carbón; 3. Los padres sienten afecto por sus hijos. El remedio no ha producido el efecto deseado; 4. Tengo que recorrer todavía 15 kms. No quiero recurrir a esos medios; 5. La policía ha conseguido mantener el orden en la población. El soldado obedece la orden de su superior; 6. Prefiero el campo a la ciudad. El pueblo se alza en medio de una hermosa campiña. Dormíamos en tiendas de campaña; 7. El arte románico, por su forma y espíritu, recuerda el arte romano, puesto al servicio del cristianismo. Rumano es el natural de Rumania (Rumanía); 8. La cabra siempre tira al monte. El valle está rodeado de elevadas montañas; 9. Es una traducción literal. Hacemos ejercicios literarios; 10. Es un médico eminente. Nos amenaza un peligro inminente; 11. La (el) margen del río estaba cubierta de lodo. Ponga Vd. una

anotación al margen; 12. El motor de mi coche tiene poca compresión. Sólo el hombre es capaz de comprensión; 13. Tenemos que adoptar una solución. Conviene adaptarse a las circunstancias; 14. El vello afea el bello rostro de esa muchacha; 15. La madera del haya es ligera y resistente. El aya de nuestro niño es de Jaén.

82.

1. me la ... te la; 2. os la; 3. se lo; 4. se la; 5. me ... él; 6. se la; 7. se lo; 8. verle; 9. le; 10. dímelo.

83.

1. parecido; 2. estoy casi decidido a; 3. se puso a; 4. recobra el conocimiento; 5. pronto voy a; 6. aproximadamente; 7. enteramente; 8. alrededor de; 9. muy; 10. se cree, presume de.

84.

A. saldré - harás - cabrás - tendréis - iré - habrá - pondrán - vendrán - dirás - obtendrá - satisfará - valdrá - caeremos - sabrás.

B. fui - fue - hicisteis - tuvimos - estuviste - hubo - cupo - puse - vino - dijisteis - cayó - supo - tradujo - huyó - pidió - mintió - conté - murió - advertí - derritió - durmió - anduvimos - di - traduje - dijeron - oí.

85.

1. puedan, 2. comprenda; 3. quiere ... estudie; quería ... estudiase (estudiara); 4. satisfagan; 5. esté; 6. sea; 7. pases ... ven; 8. cuesta; 9. conocieras; 10. intente.

86.

muerto	hecho	rehecho	compuesto	freído o: frito
impreso	previsto	cubierto	recubierto	
reprimido	repuesto	satisfecho	supuesto	dispuesto
suprimido	visto	puesto	dicho	
exprimido	bendecido o:	maldecido o:	roto	
abierto	bendito	maldito	corrompido	

87.

madre	esposa	vaca	yegua
monja	hembra	artista (la)	chiva
joven (la)	mamá	abadesa	cigüeña hembra
vaca	nuera	tigresa	gallina
testigo (la)	amazona (la	oveja	
mujer	„jineta" es	espía (la)	
	un animal)		

88.

1. se reparte por; 2. se despidió de ... con ... en; 3. ocurrió ... a; 4. me enfadaré ... haces; 5. sentará; 6. tardaremos ... en ... al ... de; 7. presento ... ha sido; 8. hubo; 9. viniste a; 10. murió en.

89.

1. resulten ... se creía; 2. repuesto ... sufrió; 3. piden; 4. dije ... tuviera ... hizo; 5. empezó ... estuvieran; 6. dio; 7. piensa; 8. creo ... diga; 9. recibió; 10. pasaba ... acercó ... dio ... se apoderó ... llevaba ... emprendió ... fue ... condujo.

90.

A. 1. sé ... se; 2. sé ... se; 3. se ... se; 4. se; 5. se ... se ... se ... se.
B. 1. él ... el; 2. el; 3. el; 4. él; 5. el.
C. 1. sí; 2. si; 3. si; 4. sí; 5. sí; 6. si.
D. 1. dé; 2. de ... de; 3. de; 4. dé; 5. dé ... de; 6. dé; 7. de ... dé.

91.

1. para; 2. para; 3. por; 4. por; 5. por; 6. por; 7. para; 8. por; 9. por; 10. para; 11. por; 12. por; 13. por; 14. por; 15. para.

92.

1. tengamos; 2. me vaya; 3. sea; 4. llegues; 5. amanezca; 6. vinieras; 7. estudiásemos; 8. reservase; 9. atravesaran; 10. continuase; 11. salgas; 12. volviéramos; 13. llegáramos; 14. creas ... convenzas; 15. hayas dicho.

93.

1. Me encuentro aquí como pez en el agua. Prefiero el pescado a la carne; 2. La gallina pone huevos. Ese pollo con tomate estaba riquísimo, 3. La costa de Galicia es muy recortada. No sé si podremos subir esa cuesta con el coche; 4. La abeja produce miel y cera, y la oveja nos proporciona lana y leche; 5. Venía hacia nosotros en actitud amenazadora. Juan tiene mucha aptitud para los negocios; 6. No me gustan los juegos de azar. El azahar se emplea en medicina y en perfumería; 7. El barón de Valldecabras era muy aficionado a la caza. Antonio era el único varón de la familia; 8. Rodeaba el jardín una verja de hierro. Ha cometido un grave yerro (o: error); 9. El mango de la azada es de madera. Llevaba un vestido de manga corta; 10. Cayó al suelo como herido por un rayo. ¿Por qué ha trazado Vd. esa raya en la pared?

94.

1. muriéndose; 2. escribiendo; 3. leyendo; 4. durmiendo; 5. cenando; 6. sirviendo; 7. pidiendo; 8. cantando; 9. saliendo; 10. mintiendo ... diciendo; 11. siguiendo; 12. lloviendo; 13. regando; 14. vistiéndose; 15. corrigiendo.

95.

A. 1. salgas; 2. vaya; fuera; 3. os bañéis; 4. trajese; 5. (viniera) viniese; 6. compraras, comprases; 7. (molestara) molestase; 8. habléis; 9. vayas.
B. 1. vaya de viaje; 2. regrese; 3. comunicase; 4. llueva; 5. (recibiera) recibiese; 6. nos viésemos; 7. preste dinero; 8. volviésemos a encontrarnos; 9. haga.

96.

A. 1. por; 2. por; 3. por; en; 4. al; 5. por; 6. ante; 7. ante; 8. de; 9. a; 10. a; 11. por; 12. a ... al; 13. de ... en; 14. con; 15. de.

B. 1. a (de) ... de; 2. de ... a ... por; 3. ...; 4. por (de); 5. a ... por; 6. con (de, por); 7. a ... entre; 8. en; 9. al; 10. en ... en; 11. de ... en; 12. a ... de; 13. al; 14. de; 15. con, de.

97.

1. dicen; 2. sabe; 3. espera ... daré; 4. hace ... parece; 5. duermo; 6. viste; 7. sirve; 8. quiere ... prefiero; 9. se arrepiente ... hecho; 10. quiere ... envuelva ... hace.

98.

1. de ... de; 2. para ... del; 3. en; 4. con; 5. en; 6. de ... a (con, para, para con); 7. en ... de; 8. para; 9. a ... en; 10. de; 11. de; 12. ... en ... en; 13. a; 14. de ... de; 15. en.

99.

1. se inició; 2. ha llovido; 3. se ha comido ... se duerme; 4. estaba ... llegué; 5. han trabajado; 6. encontré; 7. eran ... dormía ... se vio ... tocaron ... salieron; 8. fui ... estaba; 9. ha cenado; 10. fuimos; 11. había ... vino; 12. tuve ... me partí.

100.

1. de ... echaba; 2. de ... saca; 3. estás ... gastado ... de; 4. está (es); 5. ponerte ... está; 6. estaba ... puso; 7. -... a ... de ... de ... a; 8. sabe; 9. ...; 10. en ... a ... llevas; 1. va de ... en ...; 12. de ... con ... cogimos.

101.

1. me lo; 2. dáselo; 3. la; 4. le; 5. te lo; 6. guárdalos; 7. dígaselo; 8. se me ... se; 9. le; 10. se le; 11. Póntela; 12. me lo ... componérmelo.

102.

1. piense; 2. nace; 3. asciende; 4. empieza (empezará); 5. empezamos (empezaremos); 6. duermen; 7. conozco; 8. pide; 9. siento; 10. meriendo; 11. llueve; 12. me arrepiento; 13. prefiere; 14. construye; 15. traduzca; 16. luce; 17. nieva (en general); está nevando (en este momento); 18. corrige; 19. mentís; 20. puedo.

103.

1. poliglota; 2. carnívoro; 3. aurífero; 4. omnipotente; 5. acuático, a; 6. transferible; 7. mortal; 8. dormilona; 9. transalpino; 10. transpirenaico; 11. irreparable; 12. inadmisible.

104.

1. aceptes; 2. ayudará; 3. fueron; 4. supiera (supiese); 5. viniera (viniese); 6. jugaba; 7. pase ... pase; 8. tenía; 9. conteste; 10. manda, mande.

105.

A. - ladra - maúlla (maula, maya) - muge - relincha - bala - rebuzna - canta - cacarea - pían - aúlla - ruge - grazna - croa - gruñe - gorjean (cantan).

B. 1. primer; 2. santo; 3. santo; 4. gran; 5. cualquier; 6. san; 7. santo; 8. ningún; 9. buen, 10. mal; 11. cien; 12. algún.

106.

1. fue; 2. va; 3. estuve ... hacía ... fue; 4. encontré; 5. sopla (soplaba); 6. llovió ... me desperté ... miré ... hacía ... me decidí; 7. terminó; 8. quería ... llegó; 9. regresó ... estaba; 10. salgo (saldré) ... llegue ... pondré; 11. esperamos ... viniste; 12. ha hecho (hizo); 13. haya matado (mate) ... volverá; había matado ... volvió; 14. me fui ... estaba (estuve); 15. fui ... tenía.

107.

1. venga; 2. se destruyeran (se destruyesen) (fueran, fuesen destruidos) ... pudiera (pudiese); 3. vendrá (vendría); 4. vuelva; 5. llega; 6. compre; (comprara); 7. comprará; 8. venga ... traiga; 9. podamos (podremos); 10. venga.

108.

el naranjo - el castaño - el granado - el ciruelo - el almendro - el avellano - el algarrobo - el cerezo - el peral - el limonero - el melocotonoreo - la encina - el olivo - la higuera - el nogal - el plátano, platanero - el pino - la palmera - el banano - el cocotero - el manzano - el albaricoquero - el membrill(er)o - el guindo.

109.

1. calienta; 2. dormido; 3. cierres; 4. nieva; 5. siembras; 6. confieso; 7. enciende; 8. entiendo ... dices; 9. piensas; 10. siéntese; 11. aprobamos; 12. vuelva; 13. cuentes; 14. se acuerda; 15. llueve.

110.

A.	¡ no salga !	¡ no vengas!
	¡ no lo hagas!	¡ no lo digas!
	¡ no trabajéis!	¡ no vaya Vd.!
	¡ no os vayáis!	¡ no bebáis!
	¡ no te levantes!	¡ no seas ...!
	¡ no le des ...!	¡ no pongáis ...!
	¡ no traduzcas ...!	¡ no escribas!
	¡ no me llaméis!	¡ no le des ...!
	¡ no calientes ...!	¡ no corrijas ...!
	¡ no siga Vd.!	¡ no repitas ...!
	¡ no le mandes ...!	¡ no pagues ...!
	¡ no apagues ...!	¡ no te pongas ...!
	¡ no te vayas!	¡ no traigas ...!
B.	¡ gritad!	¡ muévete!
	¡ cierra ...!	¡ suelta ...!

¡ diga Vd. ...!	¡ pedid ...!
¡ juega!	¡ ten ...!
¡ haced ...!	¡ come!
¡ venid!	¡ compra ...!
¡ ve!	¡ hacedlo!
¡ pon ...!	¡ salid!
¡ déme Vd. ...!	¡ sube ...!

111.

1. es; 2. está ... estaba; 3. estaba; 4. es; 5. sido; 6. está ... está; 7. (están) son; 8. estamos ... estamos; 9. estamos ... estamos; 10. es ... estar; 11. es ... es ... es ... son ... son; 12. estamos; 13. estado; 14. está; 15. están.

112.

1. terminaron, habían terminado ... regresamos; 2. hacía ... pudimos; 3. hacía ... trabajábamos; 4. salió ... nos diéramos (diésemos); 5. vio ... sabía (ya) o: supo (se enteró) ... había aprobado; 6. tenía ... volvió; 7. empeoraba ... tuvo; 8. vi ... hablabas; 9. salió ... se puso al llorar; 10. dije ... tuvieras (tuvieses).

113.

1. comenzó ... fue; 2. llevaba ... ofreció; 3. llegues; 4. fueron; 5. has estado ... estuve; 6. tenía ... veían ... eran ... oía ... daba ... eran ... levantó ... empezaron ... embistió ... estaba ... dio; 7. ocurrió; 8. fue; 9. sabía; 10. iba ... vino.

114.

nacer	gozar	guerrear	merendar	almorzar	doler
beber	escribir	comer	descansar	robar	libertar
viajar	jugar	gobernar	odiar	obligar	obedecer
trabajar	formar	temer	morir	contar	cenar

115.

1. trabaje; 2. está; (ha estado); 3. llegue; 4. lleva; 5. sepa; 6. prometes; 7. sea; 8. era; 9. acepte; 10. envíe.

116.

1. te lo; 2. te lo; 3. le; 4. lo; 5. lo; 6. se lo; 7. la; 8. lo; 9. las; 10. las; 11. la; 12. lo; 13. la; 14. la; 15. la.

117.

A. 1. más; 2. mas; 3. más; 4. más; 5. más ... más; 6. más; 7. más; 8. más.

B. 1. qué ... qué ... que; 2. qué ... qué; 3. que ... que; 4. qué ... que; 5. que ... que; 6. qué; 7. qué; 8. qué ... que; 9. qué; 10. qué ... qué; 11. qué ... qué; 12. qué ... qué; 13. qué ... que; 14. que ... qué; 15. que ... que; 16. que; 17. que.

C. 1. cuál; 2. cual; 3. cual; 4. cual; 5. cual; 6. cuál; 7. cual ... cual; 8. cual.

118.

1. ...; 2. ...; 3. a; 4. ...; 5. ... a; 6. que; 7. ...; 8. de; 9. de; 10. ...; 11. a ...; 12. ... .

119.

1. cojera; borrachera; 3. sediento; 4. hambrientos; 5. sordera; 6. constipado (catarro, resfriado); 7. febril; 8. cansancio; 9. ceguera; 10. palidez; 11. locura; 12. formalidad.

120.

1. escribir; 2. cuesta (sale, resulta); 3. lucir; 4. metas; 5. haga; 6. echan; 7. doy; 8. contaron; 9. beberé; 10. hacer; decir.

121.

1. presidió; 2. entregues; 3. se han producido; 4. prefiere ... prefiero; 5. anduvo ... quiso ... pasó ... dio ... tenían; 6. recibió; 7. hemos recibido; 8. se conmemoró; 9. sea ... cuenta; 10. se niega (ha negado) ... se casará.

122.

1. fue escrita; 2. fue fundada; 3. están unidas; 4. fue construido; 5. fue conquistado; 6. fue vencido; 7. se desprecia; 8. fueron perseguidos; 9. se terminó ... se levantó; 10. se espera; 11. fue registrado; 12. fue practicada.

123.

Naranjada, jugo de naranja con agua y azúcar. - Limonada, zumo de limón con agua y azúcar. - Vacada, manada de ganado vacuno. - Becerrada, lidia de becerros. - Novillada, lidia de novillos. - Yeguada, rebaño de ganado caballar. - Redada, conjunto de personas o cosas cogidas de una vez. - Cruzada, expedición de los cristianos contra los infieles. - Puñalada, golpe dado de punta con un puñal. - Cornada, golpe dado por un animal con los cuernos. - Patada, golpe dado con la pata o con el pie. - Apostolado, propaganda en pro de alguna causa o doctrina. - Doctorado, grado de doctor. - Profesorado, cargo de profesor; conjunto de profesores. - Pensionado, colegio o establecimiento para pensionistas. - Internado, conjunto de alumnos internos y local en que habitan. - Arbolado , conjunto de árboles. - Cencerrada, ruido de cencerros u otros instrumentos, etc. - Consulado, cargo de cónsul o representación consular. - Estocada, golpe que se tira de punta con el estoque. - Torada, manada de toros. - Camada, todos los hijuelos que paren de una vez ciertos animales. - Directorado, cargo de director; conjunto de directores. - Hornada, lo que se cuece de una vez en un horno.

124.

B. se marcha. - A. me marcho. Haga. sale. llámeme. - B. llamaremos. Quiere.
A. Prefiero. - B. Desea. - A. Puede. - B. será. llevará. quiere. - A. está.

125.

A. ....

B. un tercio; dos cuartos; tres quintos; un décimo (una décima); cuatro novenos; un veinteavo; dos tercios; tres cuartos; un veinticincoavo; siete doceavos; seis séptimos; cinco octavos; un sexto.

C. dos cuarenta y cinco; uno veinticinco; tres ochenta; treinta y siete cincuenta; seis noventa y cinco; trescientos sesenta y ocho setenta y cinco; uno diecisiete; dos ochenta y cinco; treinta y uno cuarenta; ciento cuarenta y siete veinticinco.

D. tres por ciento; cuarenta y cinco por ciento; nueve por ciento; cuatro cincuenta por ciento; seis noventa y cinco por ciento; cien por cien; dos tres cuartos; cinco siete novenos; uno dos séptimos; cero cuarenta y cinco; cero setenta y cinco por ciento.

126.

1. le (lo); 2. se lo; 3. les (los); 4. se las; 5. verle (lo); 6. límpiala; 7. dásela; 8. la; 9. dile; 10. se lo (explicárselo); 11. se los; 12. se lo; 13. dársela; 14. le (lo); 15. le (lo); 16. lo; 17. decirles; 18. los; 19. lo; 10. devuélvesela.

127.

1. hizo; 2. se hacen; 3. supe ... había sufrido; 4. asciende; 5. parece ... defendamos; 6. tenga ... den; 7. hace ... expliques; 8. llueve; 9. permita ... hagan; 10. se propone (se ha propuesto) ... sucedan.

128.

1. Insoluble; 2. fronterizo; 3. postoperatorio; 4. incurable; 5. siderúrgica; 6. metalíferos; 7. potable; 8. textil; 9. indiscutible; 10. inservible; 11. inevitable; 12. perjudicial.

129.

A. 1. de ... con; 2. de ... en; 3. en ... de ... en; 4. en ... de; 5. de ... para; 6. con; 7. entre ... de; 8. de ... antes de ...; 9. sobre ... en; 10. para.

B. 11. a ... en; 12. a; 13. para; 14. por; 15. a ... de; 16. En ... a; 17. a; 18. de ... de; 19. con; 20. en ... de; 21. al; 22. a; 23. al; del; 24. de ... al; 25. a; 26. por; 27. por; 28. con; 29. por; 30. a ... entre.

130.

A. librería - papelería - perfumería - relojería - lechería - carnicería - pastelería - floristería - farmacia - herboristería - administración - taquilla - dulcería (confitería) - peluquería - zapatería - ferretería - armería - tocinería - peletería - contaduría - harinería - gasolinera - sillería, talabartería.

B. camisero - cerrajero - zapatero - carbonero - mayorista - detallista - pescadero - tonelero - relojero - mueblista - panadero - joyero - verdulero.

C. ciego - mudo - sordomudo - calvo - manco - tuerto - bizco - desgraciado - parado - analfabeto - extranjero - cliente - huérfano - ignorante, inculto - pobre - enfermo - preso, prisionero - sordo - descontento - casero - cursillista - profesor - cocinero.

131.

1. por Dios, por favor, no sea(s) tonto; 2. ¿es posible?, ¡quién lo iba a pensar!; 3. tómala; 4. de ningún modo; 5. adelante; 6. sí, está arreglado; 7. es mentira, sí tiene; 8. Al teléfono, en los demás idiomas; „oiga" = „hallo" (del que llama); „diga" = „hallo" (del que responde); 9. no es verdad; 10. es demasiado, es una exageración; 11. nunca; 12. de ninguna manera.

132.

Hiciera, hiciese - muriera, muriese - fuera, fuese - anduviera, anduviese - pudiera, pudiese - viniera, viniese - dijera, dijese - sintiera, sintiese - huyera, huyese - gimiera, gimiese - pluguiera, pluguiese - cayera, cayese - fuera, fuese - quisiera, quisiese - supiera, supiese - saliera, saliese - oyera, oyese - construyera, construyese - mintiera, mintiese - asiera, asiese - condujera, condujese - cupiera, cupiese - estuviera, estuviese - durmiera, durmiese - viera, viese - valiera, valiese - trajera, trajese - pidiera, pidiese - corrigiera, corrigiese - satisficiera, satisficiese.

133.

A. 1. cuán; 2. cuán; 3. cuan; 4. cuán.
B. 1. cuánto ... cuánto; 2. cuánto ... cuánto; 3. cuánto ... cuántas; 4. cuanto ... 5. cuanto; 6. cuánto; 7. cuanto; 8. cuanto; 9. cuanto; 10. cuánto; 11. cuántas.
C. 1. cuándo ... cuándo; 2. cuando ... cuando; 3. cuándo ... cuándo; 4. cuando; 5. cuando; 6. cuando; 7. cuándo; 8. cuando.

134.

1. vaso; 2. copa; 3. terrón, pan; 4. pastilla; 5. tableta; 6. frasco; 7. lonja; 8. pastilla; 9. rebaño; 10. manada; 11. banda, pandilla; 12. pila; 13. ramo; 14. lata.

135.

1. asciende; 2. llueve (lloviera, lloviese) ... me quedaré (quedaría); 3. cierres; 4. confieso ... entiendo ... quiere; 5. te sientas; 6. se siega; 7. recomiendo ... piense; 8. miente (ha mentido); 9. empiezas (empezarás; empezaste, has empezado); 10. pruebe; 11. me acuerdo; 12. muestran; 13. se avergüenza; 14. quiero ... friegue; ... podrá; 15. consuelan.

136.

amarillento - negruzco - blanquecino (blancuzco) - rojizo - verdoso (verdusco) - azulado - parduzco (pardisco) - grisáceo.

137.

1. aspérrimo; 2. felicísimo; 3. antiquísimo; 4. paupérrimo (pobrísimo); 5. libérrimo; 6. ferventísimo; 7. pésimo (malísimo); 8. pulquérrimo; 9. sapientísimo; 10. ...; 11. riquísimo; 12. facilísimo; 13. misérrimo; 14. ...; 15. novísimo; 16. acérrimo.

138.

1. dijiste; 2. viniste; 3. haga (hiciera); 4. haga; 5. salga; 6. trajo; 7. vaya; 8. vino; 9. te pongas; 10. supe; 11. fui ... leí ... traduje; 12. quiso.

139.

robledal - trigal - maizal - encinar - olivar - manzanar (pomarada) - alameda - rosaleda - limonar - pinar (pineda) - hayal (hayedo) - arrozal - naranjal - juncar (junqueral) - ortigal - cañaveral (cañar) - carrascal - viña (viñedo) - platanar (platanal) - arboleda - melonar.

140.

1. se extrae ... contiene; 2. cuecen; 3. nace; 4. riega; 5. conocéis; 6. encuentran; 7. dilata ... contrae; 8. hace ... sube ... hace ... baja; 9. se mueven; 10. supe; 11. viniste; 12. se sirven; 13. construyen; 14. derrite; 15. vive.

141.

1. me las; 2. dárselos; 3. mandármelos; 4. se lo; 5. quedándote; 6. me ... mí me; 7. nos los; 8. me ... los; 9. la; 10. me ... mandármelo; 11. me las; 12. se los.

142.

1. te burles ... procura ... puedas; 2. busques ... pidas ... vuelvas; 3. tuviéramos (tuviésemos); 4. resistirán ... hace; 5. repiten ... debemos; 6. se infringen; 7. cesaba ... se destruyera (se destruyese); 8. cogió; 9. perdono ... te arrepientas; 10. adquiere ... crece.

143.

1. espolear; 2. canturrear; 3. besuquear; 4. murmurar; 5. farfullar; 6. manotear; 7. pisotear; 8. menear; 9. revolotear; 10. golpear.

144.

1. estás, estabas; 2. estás (estuviste, has estado); 3. sepa; 4. conozca; 5. vendrás (vienes); 6. esté; 7. queréis; 8. esté; 9. vengan; 10. traiga (traerá); 11. convenzamos; 12. sirve.

145.

diario - sanguíneo - afortunado - temporal - semanal - nasal - dramático - diabólico - cristalino - hercúleo - cervantino - gracioso - satánico - anual - dialectal - humano - angélico - secular - marginal - sustancioso, sustancial - eruptivo - mensual - estrellado - episcopal - intencionado - volcánico - divino.

146.

1. en; 2. de; 3. a; 4. de; 5. de; 6. ...; 7. en; 8. con ... a ...; 9. de; 10. a; 11. al; 12. del; 13. a; 14. ...; 15. contra; 16. a; 17. de; 18. de; 19. ...; 20. de; 21. en; 22. ...; 23. ...; 24. ... a; 25. a.

147.

simbolismo - galicismo - cristianismo - patriotismo - escepticismo - anglicismo - despotismo - fatalismo - comunismo - idealismo - paganismo - catolicismo - brahmanismo - capitalismo - judaísmo - periodismo - espiritismo - optimismo - budismo - heroísmo - organismo - realismo - pesimismo - ateísmo - materialismo - lirismo - protestantismo - socialismo - federalismo - romanticismo.

148.

1. hierve; 2. se sirve; 3. resuelve; 4. pidió; 5. murió; 6. parece; 7. salga; 8. juzgues; 9. se dirija; 10. vengas.

149.

1. solares; 2. lunar; 3. agigantado; 4. matutino (matinal); 5. tempestuoso; 6. aéreo; 7. petrolera; 8. feliz; 9. terrestre; 10. marítimo; 11. polares; 12. abusivo; 13. local; 14. cívicas; 15. auríferos; 16. fluvial; 17. renana; 18. continental; 19. oleaginosas; 20. industriales.

150.

1. hace (ha hecho); 2. figura; 3. seguir; 4. extendido; 5. introducir; 6. dado lugar; 7. llamar ... aparecer; 8. correr; 9. vayas; 10. sufrido ... tenido; 11. salir; 12. cometido; 13. pasado; 14. actuado; 15. tocado ... cautivado.

151.

1. envuelve; 2. vuelto; 3. resolvemos; 4. revuelvas ... vuelve; 5. devolver; 6. desenvolver; 7. volvió; 8. devolveremos; 9. volvimos; 10. devolvió; 11. revuelva; 12. envuelto ... desenvolver ... volver.

152.

innoble - indivisible - infructuoso - intranquilo - desleal - impermeable - inasequible - independiente - ineficaz - inmaterial - irresponsable - descortés - descuidado - imperceptible - insensible - impracticable - desigual - impersonal - inaceptable - inconstante - inculto - impar - insuficiente - irrevocable - inútil - opaco - inconsecuente - imparcial - ininteligible - ilegítimo - duro - indirecto - escaso - incorpóreo - inmortal - compasivo.

153.

1. para ... de; 2. por ... de; 3. por ... de ... ante; 4. por ... de ... en; 5. entre; 6. para; 7. desde; 8. con; 9. a; 10. de ... a; 11. en; 12. para; 13. a ... por; 14. con; 15. a (en).

154.

1. estoy ... estaré; 2. está; 3. soy ... estoy; 4. estoy ... es; 5. es ... es ... esté ... es ... es; 6. está ... estamos ... está ... es; 7. está; 8. está ... es ... está; 9. está; 10. está; 11. estoy; 12. Es ... esté.

155.

1. en ... por; 2. a; 3. del ... de; 4. con ... por ... en ... en; 5. a ... al; 6. en; 7. con ... por; 8. de; 9. en; 10. de ... de.

156.

1. he dado ... se compre; 2. llevaba ... llegué ... llamé ... viniera (viniese); 3. sean; 4. cuenta; 5. llueva (lloviera); 6. permita ... haga; 7. tenga; 8. dijo ... se marcharía (se marchaba) ... viene; 9. murió; 10. estaba ... se durmió (está ... se dormirá).

157.

1. gasta mucho dinero. - 2. Le han dejado la cabeza casi afeitada. - 3. Cabalga sentada sobre la caballería, hacia un lado. - 4. Lo hemos pasado muy bien. - 5. De agacharse sobre las puntas de los pies. - 6. Durmió sin despertarse, muy bien. - 7. Estuvo lloviendo copiosamente, sin parar. - 8. Lo sé con toda seguridad. - 9. Se fue sin decir nada. - 10. Sin hacer excavaciones en la tierra; 1. a carcajadas; 12. sin haber hecho más que la mitad, después de no haber hecho más que la mitad.

158.

1. con; 2. en; 3. con; 4. con; 5. en; 6. a; 7. de; 8. con; 9. de; 10. por; 11. de ... de; 12. de; 13. ...; 14. a; 15. del ... en.

159.

toro, -ero; cañón, -azo; pueblo, poblacho; andar, -iego; cuchara, -ada; novio, -azgo; responder, -ón; rojo, -izo; cámara, -ín; pan, -adero; doce, -ena; puñal, -ada; amor, -cillo; Quijote, -esco; conde, -esa; taza, -ón; rabo, -ón; poeta, -isa; aldea, -ano; carne, carnicería; cal, -iza; perro, -era.

160.

A. 1. cuánto; 2. cuantos; 3. cuánto; 4. cuánto; 5. cuantos.
B. 1. cuál; 2. cual; 3. cuales; 4. cuál; 5. cual.
C. 1. dónde ... dónde; 2. dónde; 3. donde; 4. dónde; 5. donde.

161.

1. parece; 2. proponga ... puedan; 3. ha nevado; 4. comprendo ... quiere (ha querido, quiso) ... se equivoca (se ha equivocado, se equivocó); 5. se celebrará; 6. nieve; 7. te niegas (has negado, negaste); 8. hace (ha hecho) ... baje; 9. venga ... avise; 10. tomemos ... sea.

162.

natal - cristiana - diaria (cotidiana) - levantina - cantábrica (cántabra) - invernal - campestres - alpinas - pirenaica - manual - mecánico - filial - solar - infantiles - escolares - lluviosa - amistoso - estivales - pulmonar - hepático - municipales - legales - nívea - siberianas.

163.

1. se explicaban en ... por ... experimentaban ... ante ... dejaron de ... reunió en; 2. de ... ... en ... dejaron ...; 3. dije ... hiciera (hiciese); 4. se propuso ... ... en; 5. tuvo ... a ... de ... a ... reconquistara (reconquistase) ... disminuyera (disminuyese); 6. sucedió a ... reinó; 7. podía (pudo) ... se ponía en; 8. soñó con ... abandonó ... ; 9. quedamos en ... a; 10. está ... en.

164.

arenoso - hambriento - burlón - carnoso - casero - pascual - heroico - cobrizo - blanquecino - amarillento - grisáceo - veraniego - invernal - semanal - anual - arrojadizo - venidero - terrenal - arcilloso - perruno - solar - silvestre - narigudo - pardusco - negruzco - rojizo - azulado - primaveral - otoñal - diario - estival - mensual - secular - espantadizo - perecedero - navideño.

165.

1. piensa; 2. diga; 3. tengas; 4. viene (vendrá); 5. llueve (lloverá); 6. fuera (fuese); 7. vendrás, vendrías; 8. tenía ... hiciera (hiciese); 9. venga; 10. sepa; 11. hagas; 12. se caiga.

166.

1. a) grabados; b. gravada;
2. a) relevar; b) revelar; c) rebelaron;
3. a) derivar; b) derribar.

167.

1. con; 2. de ... a; 3. de ... para; 4. a; 5. dentro de; 6. a ... de; 7. de ... a ... con ... de; 8. por; 9. de ... a; 10. con.

168.

Jauría, conjunto de perros; enjambre, muchedumbre de abejas; hayedo, terreno poblado de hayas; rebaño, hato grande de ganado; carrascal, monte poblado de carrascas; viñedo, terreno plantado de vides; gente, pluralidad de personas; cordillera, cadena de montañas; coro, conjunto de voces de personas; alameda, terreno poblado de álamos; encinar, terreno poblado de encinas; clero, conjunto de los clérigos; cañaveral, terreno poblado de cañas; piara, manada de cerdos; arboleda, terreno poblado de árboles; pinar, lugar poblado de pinos; tropa, conjunto de soldados, cabos y sargentos; flota, conjunto de barcos; archipiélago, conjunto de islas; orquesta, conjunto de músicos.

169.

1. por ... de; 2. al; 3. por; 4. por ... de; 5. por ... del; 6. por; 7. por; 8. al ... de ... a; 9. de; 10. al ... de; 11. en; 12. a ... a; 13. a ... por; 14. por; 15. por ... por.

170.

1. diga ... parece ... miente; 2. sepas; 3. pegan; 4. tenga; 5. explicases; expliques; 6. se puso; 7. terminamos; hubimos terminado; 8. hubiésemos dicho ... se tarda ... hubieran creído; 9. llegaría; 10. sean.

171.

1. velada ... velo ... vela; 2. factura ... fractura ... fracción; 3. marino ... marital ... marítimo; 4. medio ... medievo ... mediano; 5. pacífico ... pacifistas.

172.

1. primer ... segundo ... tercero; 2. primero ... quinto; 3. primer ... octavo; 4. séptimo ... séptima; 5. octavo; 6. trece; 7. doce ... veintitrés; 8. ochocientos; 9. segunda ... veinte; 10. primero; 11. undécimo ... duodécimo.

173.

1. a; 2. a; 3. a; 4. al; 5. a; 6. a; 7. con; 8. con; 9. de; 10. de; 11. de; 12. con; 13. de; 14. de; 15. de.

174.

A.
1. Ha estado cuatro meses en la cárcel por haber robado.
2. Ha tenido que esperar detrás de muchas otras personas; guardando turno.
3. Un artículo muy necesario.
4. Muy buena.
5. Una cosa segurísima.
6. Ha conseguido cogerle.
7. Se enfrentaron con la guardia civil y lucharon contra ella.
8. Completamente armado.
9. Vamos a hacer algo fuera de lo corriente.
10. Se organizó un alboroto de primera magnitud.
11. Riñe, busca pelea con excesiva facilidad.
12. Sufrir resignadamente y esperar.
13. Aunque le parezca extraño.
14. De edad avanzada.
15. Es de carácter muy violento.

B.
1. Obra como antes.
2. Sufrir sin quejarnos.
3. Han ingresado.
4. Le ha declarado enfermo.
5. Vámonos a otro sitio (más entretenido, más decente, etc.)
6. Se pararon a descansar.
7. Disputando y peleándose.
8. Hay que estar muy atento.
9. Me da mucho que hacer.
10. Obre con naturalidad.
11. Ir despacio y pensar bien las cosas.

12. Le castigó, pegándole.
13. Habla con toda claridad y desenfado.
14. Que estoy gozando.
15. Hay que jugar (obrar) honradamente, no callando algo o engañando.

175.

1. con; 2. a; 3. al; 4. por; 5. a ... de; 6. de ... en; 7. con ... sobre ... de; 8. a; 9. al ... a ... de ... de; 10. de ... en; 11. a; 12. ... al; 13. en; 14. ... a; 15. al; 16. de; 17. en; 18. a; 19. de ... en; 20. ... .

176.

1. Tarda mucho en comprender.
2. ... muy corto.
3. No tiene ocupación fija.
4. Mucho.
5. Muy bien.
6. Sin decir nada, con mucho disimulo.
7. Rinde mucho.
8. Sin pensar lo que dice.
9. Sin dudar de ello ni un momento.
10. Sin pensar en lo que se hace.

177.

1. en; 2. a; 3. por; 4. sobre; 5. del; 6. desde; 7. en; 8. al; 9. al ... de ... de; 10. de ... de ... de; 11. con; 12. por.

178.

A. 1. indicara; 2. fuimos; 3. fuera; 4. llame; 5. termine (haya terminado); 6. ganarás; 7. colaborara; 8. llueve; 9. hayan ... ocurrió; 10. cante.

B. 1. altere; 2. hiele; 3. diga; 4. aproveche ... he ejercido; 5. hubo (había) hecho ... encomendó ... pidió; 6. se pasaba; 7. era ... soplaba ... surgió; 8. es ... ha realizado; 9. se reunió ... tenía; 10. dijo ... supiera.

C. 1. conozca (conociera); 2. diera; 3. dijera; 4. haya leído; 5. hubiera podido ... hubiera hecho; 6. vengas ... he prometido (prometí); 7. fue ... ejercían ... consideraban (consideraron) ... habían hecho; 8. viene (vendrá)...sale (saldrá; ha salido); 9. fuera ... hubiéramos llegado; 10. salgo ... voy.

179.

1. en; 2. en; 3. de; 4. en; 5. en; 6. en; 7. en; 8. de; 9. de; 10. de; 11. de; 12. a; 13. al ... de; 14. en; 15. en.

180.

Santidad - maldad - claridad - celebridad - pobreza - tibieza - certeza - generosidad - delicadeza - transparencia - humildad - habilidad - oscuridad - docilidad - parquedad - limpieza - nobleza - gentileza - finura - destreza - bondad - densidad - formalidad - sabiduría - novedad - fortaleza - pereza - riqueza - aspereza - entereza.

181.

1. fue fundada (se fundó) en ... consta de ... de; 2. llegue a ... pondrá a; 3. salió del ... de ... de; 4. abdicó en ... de ... en ... se retiró al ... de; 5. del ... dormía en ... sonó; 6. ha llovido (llueve); 7. fui a; 8. hizo; 9. han hecho; 10. ha estado ... en; 11. hube terminado ... fui a ... al; 12. llegue al ... llamaré por; 13. franqueó ... bajó a ... presentó ... a ... en; 14. conquistó a ... en; 15. vuelvas ... iremos a ... a ...

182.

Hayedo - pineda (pinar) - encinar - juncar (junqueral) - salcedo (salceda, sauzal) - robledal - alameda - manzanar (pomarada) - avellaneda - cañaveral (cañar) - rosaleda - platanar (platanal) - castañeda (castañar, castañal) - cañamelar - patatal (patatar) - nocedal (nogueral) - viñedo - olivar.

183.

1. hubiera creído; 2. tuve ... mato; 3. sigas; 4. estaba ... estalló; 5. promulgó; 6. era ... había salido ... oyó; 7. se ha levantado; 8. creo (he creído); 9. volveré; 10. supe (sepa) ... llamé (llamaré); 11. te crees; 12. salimos ... cogeremos.

184.

Médico - cazador - abogado - historiador - literato - escultor - novelista - cirujano - teólogo - mago - teórico - polemista - dentista - jardinero - torero - militar - músico - maestro, profesor - arquitecto - pintor - poeta - fabulista - economista - fotógrafo - pescador - propagandista - oculista - deportista - viajero (quien viaja); viajante (profesión).

185.

1. en; 2. con; 3. en; 4. ...; 5. ...; 6. al del; 7. de; 8. con; 9. en; 10. de.

186.

A. 1. inglés; 2. austríaco; 3. zaragozano; 4. sevillano; 5. navarro; 6. granadino; 7. valenciano; 8. griego; 9. húngaro; 10. venezolano; 11. peruano; 12. chileno; 13. barcelonés; 14. madrileño; 15. francés; 16. polaco; 17. asiático; 18. sajón; 19. paraguayo; 20. dálmata; 21. salmantino; 22. mallorquín; 23. europeo; 24. mejicano; 25. boliviano; 26. groenlandés; 27. siberiano; 28. bereber; 29. andorrano; 30. ucraniano.

B. 1. Panamá; 2. Burgos; 3. Cartago; 4. Lombardía; 5. Patagonia; 6. Gerona; 7. San Sebastián; 8. Génova; 9. Cuba; 10. China; 11. Laponia; 12. Galicia; 13. Oviedo; 14. Cádiz; 15. Egipto; 16. Flandes.

187.

1. se acuesta; 2. niego; 3. hiele; 4. arrendáis; 5. pierdas; 6. ascienden; 7. entiendo ... quiere; 8. recomiendo ... riegue; 9. duermen; 10. sueña; 11. juegas; 12. aprieta.

188.

Papado - cardenalato - obispado - prelacía (prelatura) - priorato - sacerdocio - diaconado - pontificado - vicariato - canonjía - patriarcado - decanato - ducado - condado - marquesado - baronía - califato - sultanato - generalato - presidencia - ministerio - abogacía - doctorado - profesorado - rectorado - notariado - secretaría - almirantazgo - realeza - imperio - virreinato - principado - embajada.

189.

1. dado; 2. cumple; 3. abierto; 4. celebró; 5. sufrido; 6. dictado; 7. rinde; 8. registrado, 9. concederá; 10. pidió; tomó; 11. cogieron; 12. coge.

190.

1. cardíaca; 2. nórdicos; 3. portuarias; 4. gástrica; 5. textil; 6. ducal; 7. acuático; 8. monacal, 9. marítimos; 10. aéreo; 11. judiciales; 12. dominical; 13. renal; 14. insoluble; 15. mortíferas.

191.

1. está ... sobre ... de ... por ... en ... nacen; cuenta ... ofrecen; 2. es ... en ... extiende ... de; 3. está ... a orillas ... es ... de ... por; 4. está ... en ... de ... es ... en ... es ... en ... en, 5. está ... por ... al ... por ... en ... al; 6. fue (era)...hicieron...en ... a ... a; 7. de ... por ... en ... es ... por; 8. es ... tiene ... son ... en ... de ... del ... de; 9. de ... es ... de; 10. está ... en ... de ... de ... es ... por.

192.

A. cicatrizar - satirizar - simpatizar - individualizar - monopolizar - bautizar - estilizar - garantizar - sintetizar - profetizar - suavizar - alcoholizar - granizar - hechizar - motorizar - martirizar - esquematizar - simbolizar - latinizar - centralizar - independizar - organizar - moralizar - nacionalizar - españolizar - cristianizar.

B. gobernador - predicador - conductor - domador - traductor - fundidor - fascinador - salvador - lector - escultor - prestamista - barrendero - dador - protector - blasfemo - inspector - sucesor - cantor - vencedor - navegante - luchador - difamador - destructor - inventor - vigilante - editor - cocinero - confitero - seductor - usurpador - curtidor - corruptor - bromista - defensor - elector.

C. carnívoro - herbívoro - insectívoro - granívoro - frugívoro - omnívoro - piscívoro (ictiófago).

193.

1. en; 2. a; 3. de; 4. en; 5. a; 6. en; 7. de; 8. de; 9. por; 10. a.

194.

1. a) poderoso, b) potente; c) pudiente;
2. a) cálidos; b. caliente; c) caluroso.

195.

1. era ... de; 2. subió ... a ... se puso ... de ... salió de; 3. se daba ... se echó a ... tuvo ... siguiera (siguiese); 4. te fijaste ... en ... de; 5. notaba; 6. a ... a ... al ... de; 7. se puso ... salió al ... para ... a; 8. se casaron ... fue ... tuvieron ... murió a ... siguió a; 9. iba ... hacía ... a (de); 10. pasé ... de.

196.

1. La Haya ... el aya ... haya; 2. barón ... varón; 3. anochecido ... pernoctar ... trasnochar; 4. notorio ... notario; 5. ilusión ... alusión; 6. bibliografía ... biografía; 7. evocar ... invocó; 8. consumir ... consumó; 9. industrioso ... industriales; 10. derecho ... Derecho.

197.

1. cursan; 2. echar; 3. dar; 4. hacer; 5. dar; 6. da; 7. ponerte; 8. tomar; 9. sacar; 10. dar.

198.

1. está afónica; 2. ateo; 3. incurable; 4. inaguantable; 5. anticonstitucional; 6. oftalmólogo (oculista); 7. rastrero; 8. políglota (poliglota); 9. madrugadores; 10. mujeriego; 11. mandón; 12. andarín; 13. pelirroja; 14. puntiagudo; 15. pratenses (pradeñas).

199.

1. regímenes; 2. crucé; 3. cace; 4. pequé; 5. caracteres; 6. distinga; 7. delinco; 8. alcance; 9. los cálices; 10. los peces; 11. coja; 12. averigüe; 13. venza; 14. esparza; 15. castigué.

200.

1. a; 2. de; 3. de; 4. de; 5. en; 6. en; 7. de; 8. de; 9. de; 10. en; 11. de; 12. con; 13. con, de, por; 14. de (no le recuerdo); 15. en.

201.

1. salada, 2. acuáticos; 3. rapaces; 4. aurífero; 5. hambrienta; 6. romo; 7. trimestral; 8. rabón; 9. tempranas; 10. cuadrúpedos; 11. tempraneras (tempranas); 12. bimensual; 13. bilingüe; 14. autodidacta.

202.

1. en poquísimo tiempo; 2. sin plan; 3. conscientemente; 4. sin terminarlas; 5. sin hacer ruido; 6. sobre las manos y los pies; 7. estrepitosamente; 8. cómodo, a gusto; 9. sin reflexionar, 10. a disgusto; 11. desde muy cerca; 12. tanteando en la oscuridad; 13. furtivamente, sin dejarse ver; 14. para ver quién corría más; 15. a toda velocidad.

203.

1. no es muy inteligente; 2. muy pronto; 3. me pone nervioso; 4. en plena faena, en flagrante delito; 5. si no te mueves, si no te esfuerzas; 6. se cree que es algo; frenar

sus ambiciones; 7. vamos al asunto, a la cuestión; 8. mucho trabajo y muchos disgustos; 9. informarle, ponerle en antecedentes; 10. aclarar la situación, ordenar los hechos; 11. reprenderé; 12. dar una reprimenda.

204.

1. batido; 2. pagaré; 3. llorar; 4. propinó; 5. dar; 6. causa; 7. pusieron; 8. dio; 9. poner; 10. tomado; 11. caído; 12. da; 13. caiga; 14. dar; 15. tuvo.

205.

A. docena - veintena - cuarentena - centenar - par, dúo - quincena - treintena - cincuentena - millar - trío.

B. trípode - bisílaba - polisílaba - bicéfala - decagramo - hectolitro - kilómetro - decígramo - centímetro - milímetro - triángulo - cuadrilátero - pentágono.

206.

1. daré ... estás; 2. salí ... di ... anduve ... iba; 3. puedo ... caigo; 4. sé ... quieres ... puedo; 5. sale ... se pone; 6. pongo ... dice ... me parece ... exagera; 7. es ... caben; 8. puedes ... digo ... quepa; 9. di ... cabía; 10. he dicho ... tienes.

207.

1. requebrando, piropeando; 2. me ha rechazado como novio; 3. le han engañado o gastado una broma; 4. harto, cansado; 5. es muy difícil; 6. se cree muy valiente, presume de valiente; 7. tengo mucho aguante, mucha resistencia; 8. me fastidia, me cansa; 9. me ha pedido o exigido dinero; 10. me es igual, no me importa; 11. engaña; 12. estamos en una situación difícil.

208.

1. déjeme en paz; 2. me importa muy poco; 3. le dije que se fuera, no le hice caso; 4. ... beber; 5. ... cambia mucho de empleo, sitio, residencia, etc.; 6. ... me viene muy bien; 7. cansadísimo, no me siento bien; 8. muy lejos; 9. me fastidia; 10. no me digas mentiras; no me vengas con historias; 11. Tener muy mala memoria, ser muy olvidadizo, 12. Se armó un alboroto.

209.

1. echar; 2. evitar; 3. pagar; 4. estar; 5. desemboca; 6. hecho; 7. pasar; 8. dictado; 9. fecunda; 10. elegido; 11. coger; 12. correr; 13. adaptarme; 14. pasarse; 15. participar.

210.

1. cabalgar; 2. el sepelio; 3. el corcel; 4. la peroración; 5. el alumbramiento; 6. fenecer; 7. la faz; 8. obsequiar; 9. el banquete; 10. el vate; 11. las inclemencias del cielo; 12. el finado; 13. el azar; 14. el azahar; 15. lo bélico; 16. la danza.

211.

1. anónima; 2. autónomo; 3. ilegal; 4. parricida; 5. hortícola; 6. lechera; 7. manual; 8. octogenario; 9. primogénito; 10. carnívoro; 11. árido, estéril; 12. holgazán, perezoso, gandul.

212.

1. por; 2. entre; 3. por; 4. a; 5. a; 6. por; 7. en; 8. de; 9. por; 10. de ... a; 11. de; 12. de; 13. sin; 14. por; 15. al.

213.

1. polluelo; 2. potro; 3. ternera, ternero; 4. lebrato; 5. lechón; 6. lobezno; 7. cachorro; 8. cordero; 9. choto; 10. pichón.

214.

1. de; 2. en; 3. por; 4. de ... a ... de ... a ... sobre ... del; 5. con ... de ... de; 6. de ... con ... de; 7. de; 8. del; 9. del; 10. a; 11. por; 12. a.

215.

1. acción y efecto de volverse burgués; 2. en forma de cuña; 3. horror morboso al agua; 4. se ocupa de las enfermedades de los niños; 5. que simpatiza con los alemanes; 6. sin patria; 7. adivinación supersticiosa por medio de las rayas de las manos; 8. persona que cultiva la lengua y literatura árabes; 9. relativo al estómago; 10. íntimo, esencial.

216.

1. en poquísimo tiempo; 2. ... es mordaz, es chismosa; 3. no he podido dormir; 4. ... sin saber qué decir; 5. ... gastar todo lo que ganas; 6. no te pongas nervioso, no te precipites; 7. por entero; 8. causó una gran sensación; 9. intimidarlo, resistirlo, amenazarlo, 10. se quedó desilusionado, sin obtener lo que esperaba.

217.

1. violinista; 2. guitarrista; 3. pianista; 4. arpista; 5. contrabajo; 6. trompeta; 7. florista; 8. carpintero; 9. ebanista; 10. cartero.

218.

infeliz - inepto - ilegible - incómodo - ilógico - ilícito - irreligioso - insociable - imperfecto - inmoderado - heterogéneo - indecente - ilegal - indigno - inmortal - inmóvil - desconocido - incorrecto - indiscreto - desgraciado, desdichado - descontento - desobediente - antipático - imprudente - incierto - inadecuado - desconfiado - impaciente - insano - incapaz - irregular - inoportuno - impropio - desaplicado - inanimado - sucio.

219.

1. quiero; 2. puedo; 3. empiezo; 4. prefiero; 5. encuentro; 6. me voy; 7. hago; 8. pongo; 9. digo; 10. quepo.

220.

A. encuadernar - (a)serrar - cocinar - copiar - servir - soñar - sonar - amar - atesorar - faltar - cerrar - dictar - leer - digerir - analizar - florecer - salar - bañar - regar - llover - tronar - nevar.

B. angélico - diabólico - divino - eclesiástico - inocente - culpable - velludo - barbudo - envidioso - casto - mentiroso - paciente - astuto - quirúrgico - científico - tierno - dulce - diestro - bondadoso, bueno - honorable.

221.

A. las voces - las cruces - las luces - las perdices - los caracteres - los regímenes - las naciones - los cañones - las jóvenes - los carbones.

B. 1. pagues; 2. juzgue; 3. zurzas; 4. coja; 5. toquéis; 6. saque; 7. transijas; 8. pique ... rasque; 9. empieces; 10. colóqueme.

222.

1. coincidimos, tenemos las mismas ideas; 2. se ha aclimatado; 3. presume de hombre, se cree mayor; 4. lo estropeé todo, lo malogré todo; 5. clarísimo; 6. pagar; 7. en grandes apuros; 8. beber; 9. enamoradísimo; 10. nos detuvimos; 11. morirse, 12. fiel a sus palabras o promesas; 13. representan; 14. me causa sospecha o inquietud; 15. estoy bien protegido.

223.

1. callarse, obedecer; 2. ir a otra región; 3. nos marchemos; 4. no había nadie; 5. muy buena persona; 6. actuará por primera vez como matador; 7. pensarlo bien; 8. no me comprometo con nadie, no me fío de nadie; 9. haciendo proyectos irrealizables, viviendo ilusiones; 10. se siente algo enfermo; 11. lo más corto posible; 12. no es nadie, no vale para nada; 13. me molesta con cosas inoportunas incesantemente; 14. iba en decadencia, de mal en peor; 15. cargar con la responsabilidad, gastos, etc.

224.

segundo - primero - décimo - vigésimo - sexagésimo - tercero - undécimo - centésimo - noveno - cuadragésimo - sexto - séptimo - duodécimo - nonagésimo - milésimo - quinto - trigésimo - octavo - décimoquinto - millonésimo - quingentésimo.

225.

1. destruir; 2. callar; 3. holgar; 4. empobrecerse; 5. ignorar; 6. desvalorizar; 7. descubrir; 8. faltar; 9. concentrar; 10. impacientarse; 11. impugnar; 12. posponer; 13. disuadir; 14. retroceder; 15. olvidarse; 16. hablar; 17. aborrecer; 18. recibir; 19. despreciar; 20. manifestar.

226.

1. más ... que; 2. de; 3. más ... que; 4. más ... de; 5. como; 6. que; 7. tan (más); 8. como; 9. más, 10. de; 11. que; 12. más ... de; 13. de; 14. que; 15. de.

227.

mil novecientos veintitrés; de mil seiscientos dieciocho a mil seiscientos cuarenta y ocho; ciento veintitrés con cuarenta y siete; dos un tercio; tres tres cuartos; ciento veinticinco con treinta y uno; dos y dos, cuatro; tres por tres nueve; cinco menos dos tres (de dos a cinco, tres); diez entre dos, conco; veinticinco menos,quince, diez; cuatro y tres, siete; tres dieciochoavos; dos veintitresavos; uno cuatrocientos diecisiete por ciento; un millón cuatrocientos trece mil doscientos ochenta y dos; cuarenta y cinco mil doscientos setenta y uno; sesenta y seis mil seiscientos sesenta y seis; veinticuatro mil quinientos con cuarenta y cinco; treinta y cinco mil cuatrocientos setenta y siete con trescientos ochenta y uno; cuarenta y cuatro mil ciento treinta y siete; cuatrocientos sesenta y cuatro mil ciento cuarenta y siete; un millón ciento cuarenta y tres mil ochocientos diecinueve; veintitrés mil cuarenta y cinco; un millón ocho.

228.

1. de ... a; 2. en; 3. a; 4. en; 5. de ... a; 6. de; 7. ... a ... de; 8. de ... a; 9. al; 10. ... de; 11. de; 12. a; 13. de; 14. con; 15. en ... por.

229.

1. pez ... pescado; 2. altitud ... latitud; 3. planes ... planos; 4. agrava ... grava ... grabado; 5. sebo ... cepo ... cebo.

230.

A. 1. pakistaní; 2. búlgaro; 3. brasileño; 4. sardo; 5. chipriota; 6. veneciano; 7. ovetense; 8. oscense; 9. onubense; 10. burgalés; 11. ecuatoriano; 12. escocés; 13. servio; 14. manchuriano; 15. coreano; 16. inglés, británico, anglosajón, 17. persa; 18. conquense; 19. provenzal; 20. sirio; 21. vasco; 22. muniquense; 23. marsellés; 24. jerezano; 25. florentino; 26. anamita; 27. siamés; 28. australiano; 29. silesiano; 30. colombiano.

B. 1. Huesca; 2. Astorga; 3. Uruguay; 4. los Estados Unidos; 5. El Salvador; 6. El Tirol; 7. Numancia; 8. Alcalá de Henares; 9. Israel; 10. Túnez; 11. Afganistán; 12. Alsacia; 13. Irlanda; 14. Islandia; 15. Ginebra; 16. Irak.

231.

1. pidiera (pidiese); 2. llegaríamos; 3. viniera (viniese); 4. saliera (saliese); 5. estuviera (estuviese); 6. llegaríais; 7. llegarías; 8. volveríamos; 9. podría; 10. interesaría.

232.

suavizar - normalizar - inmortalizar - humanizar - puntualizar - fertilizar - tranquilizar - volatilizar - profundizar - idealizar - espiritualizar - utilizar - cristianizar - amenizar - civilizar - divinizar - aguidzar - esterilizar - rivalizar - modernizar - realizar - mecanizar - sutilizar - galantear.

233.

1. vio ... echó; 2. recibas; 3. mintió; 4. se puso; 5. sírvase; 6. sirven; 7. mienten; 8. sentí; 9. me siento, 10. se murieron.

234.

1. viajeros ... viajante; 2. expresó ... exprimir; 3. uso ... huso; 4. celda ... cédulas ... célula; 5. en un principio ... en principio.

235.

1. prefiero ... habléis de; 2. contradijo; 3. resiste; 4. ha cambiado; 5. vestía ... de; 6. abuse de; 7. carecemos de; 8. te ríes de; 9. acuérdese de; 10. cuelga ... en; 11. en ... del ... de ... en; 12. ... ... de ... para ... en.

236.

1. me dirás; 2. le darán; 3. lloverá; 4. nos quedaremos; 5. mejorará; 6. calme; 7. salga; 8. volverá; 9. ayudaré; 10. lleguemos.

237.

1. lo; 2. lo; 3. vio (veía) a ... se asustó (se asustaba) ... tenía; 4. hagas; 5. repite lo ... de; 6. encuentres ... ... sepa ... lo ... quieres; 7. digas; 8. haya visto; 9. acepte; 10. en, para ... se termine; 11. deje de ... reciba; 12. haga ... de.

238.

homicida - regicida - tiranicida - parricida - matricida - fratricida - infanticida - suicida - genocida - deicidas - insecticida - bactericida.

239.

1. al, 2. a; 3. ...; 4. ...; 5. a; 6. a; 7. a; 8. al; 9. a; 10. ... ... a; 11. a; 12. a; 13. a, 14. ...; 15. ... .

240.

A. 1. en ... a ... de; 2. con ... coexisten en; 3. a ... pertenece; 4. suelen ... en ... de; 5. desciende ... de ... a; 6. de ... se encuentra ... de ... de; 7. se sentían ... en; 8. vino a; 9. cayeron; 10. temo ... haga; 11. anduvimos de; 12. hay ... de ... en.

B. 1. distraído, 2. loco (aquí: enamorado); 3. físicamente y mentalmente debilitado por la mucha edad ... a morir; 4. tabernucho ... borrachera; 5. individuos, tipos ... ser víctima de un engaño, pagar por otros que se aprovechan de alg.; 6. chica ... ser bueno, guapo, simpático; 7. la policía ... individuo, tipo, hombre, ... se marchó, huyó; 8. dar (entregar) el dinero; 9. individuo de poca categoría (tipo tonto); 10. impertinente, fresco; 11. canallada; 12. chico; me moría de risa.

241.

1. salía ... presencié; 2. ha estado ... estuve; 3. he leído ... tuve; 4. escriba (escribí) ... llevaré (llevé); 5. ha dado ... dio.

242.

1. sepas ... ha ocurrido; 2. con ... salga; 3. salga de ... vuelva; 4. en; 5. de ... por; 6. se encuentran ... se exploten (sin explotar); 7. se meta en; 8. diga ... se acuerdan del; 9. se hicieron ... llegara (llegase) a; 10. a ... gusta ... a ... a.

243.

1. cimas ... simas; 2. cuesta ... cuesta ... costa; 3. concejo ... consejo; 4. afectación ... afección ... afecto; 5. conjeturas ... coyuntura.

244.

1. consiguió ... aprobaran (aprobasen); 2. murió; 3. concedió; 4. vertió; 5. se metió; 6. te pusiste; 7. venga; 8. dije ... hizo; 9. dijiste; 10. se diviertan; 11. supo ... puso; 12. fue.

245.

1. dispone de; 2. acusamos ... de; 3. insisto en ... se termine; 4. se entiende ... por; 5. lleguemos (llegaremos) a ... a; 6. prefiere ... a ... a; 7. de; 8. tengo ... familiarizarme con; 9. las; 10. por; 11. pretendo ... indemnice; 12. ha puesto.

246.

1. humanistas ... humano ... humanitarios; 2. en balde ... de balde ... el balde; 3. oficial ... oficiosa ... oficinescos; 4. dialectal ... dialéctica; 5. juerga ... jerga; 6. el fruto ... las frutas contienen; 7. bastos ... vasto; 8. el gesto ... las gestas; 9. patriota ... patriotero ... patriotismo ... patriotería; 10. el puesto ... la puesta.

247.

1. recogió ... en; 2. en ... de ... nacen; 3. se disputan ... de ... a; 4. permiten ...; 5. estableció ... sobre ... de ... de; 6. se empeñe ... de ... de; 7. sienta; 8. para ... sentará; 9. combatió con; 10. atravesó a ... con; 11. de ... se encuentran ... de ... a; 12. hirió ... se produjo.

248.

1. murieron; 2. se duerma; 3. llovió ... llueve; ha llovido; 4. desmintió; 5. se concluyó; 6. se recluyó ... murió; 7. consiguió; 8. revolucionó ... recibió; 9. nació; 10. dio.

249.

A. 1. suizo; 2. bávaro; 3. uruguayo; 4. parisiense, parisino; 5. italiano; 6. francés; 7. noruego; 8. holandés; 9. nicaragüense; 10. americano; 11. argentino; 12. castellano; 13. gallego; 14. malagueño; 15. aragonés; 16. asturiano; 17. andaluz; 18. canario; 19. balear; 20. prusiano; 21. indio; 22. japonés; 23. chino; 24. costarricense (costarriqueño); 25. catalán; 26. navarro; 27. cubano; 28. californio (californiano); 29. moscovita; 30. ceilanés.

B. 1. Portugal; 2. Checoslovaquia; 3. Renania; 4. Arabia; 5. Marruecos; 6. Turquía; 7. Finlandia; 8. Rumania; 9. Croacia; 10. Valladolid; 11. Puerto Rico; 12. Extremadura; 13. Nápoles; 14. Bélgica; 15. Canarias; 16. Palma de Mallorca.

250.

1. tenía ... perdió; 2. nació ... murió; 3. descubrió ... conquistaron; 4. se enteró ... exclamó ... envié; 5. fue ... estuvo ... murió; 6. mandó ... abandonaran (abandonasen); 7. escribió ... canta; 8. tenía ... constituía; 9. estuve ... vi; 10. ha sido ... ha llovido ... se recogió; 11. quería ... fue ... se divirtió; 12. estuvo ... y se impuso.

251.

1. en broma; 2. atardece; 3. transparente; 4. generoso; 5. empeorando; 6. homogéneo; 7. bajado; 8. claro, sereno, despejado; 9. negado; 10. inocente.

252.

1. por; 2. a ... de; 3. al ... por ... del ... en; 4. en ... contra ... de; 5. de ... a; 6. al; 7. de ... en; 8. de ... en; 9. de; 10. de ... en ... de; 11. por; 12. a ... para; 13. de ... para; 14. para; 15. para ... en.

253.

1. que estudies; 2. que salgamos; 3. que conciliáramos; 4. que fuera; 5. que permaneciera; 6. que fuera; 7. que esperase; 8. sin que viniera (viniese) a vernos; 9. que te localicemos; 10. que salga; 11. que vayas; 12. que tomara; 13. que insistiésemos; 14. que se deje ver; 15. que aprendiera.

254.

1. era ... ardía ... había ... andaba ... fueron bien acogidos y se sentaron; 2. descendía ... se percibían ... estalló; 3. vi ... era ... veía ... fue ... venía.

255.

1. contraveneno; 2. coetáneo; 3. paisano; 4. conciudadano; 5. compatriota; 6. contemporáneo; 7. bisabuelo; 8. sobrino; 9. vicepresidente; 10. interregno; 11. trimestral; 12. semestral; 13. recaer; 14. repetir; 15. condolerse; 16. ultramar; 17. extramuros; 18. desorden; 19. impiedad; 20. injusticia.

256.

1. a; 2. a; 3. a; 4. a; 5. al ... al; 6. ...; 7. a; 8. a ... ...; 9. ...; 10. ...; 11. ...; 12. a; 13. a; 14. ...; 15. a.

257.

cinco; once; setenta y ocho; ciento ochenta y dos; doscientos trece; noventa y nueve; dieciocho; veintiuno; mil novecientos catorce; quinientos cuarenta y siete; veintitrés mil cuatrocientos sesenta y seis; diez mil; mil ciento setenta y cuatro; cuatro mil setecientos once; treinta y tres; mil novecientos veinticinco; mil novecientos veintiséis; treinta y siete mil cuatrocientos sesenta y seis; un millón; doscientos treinta y siete mil cuatrocientos treinta y cuatro; tres mil setecientos ochenta y seis;

dos tercios; cuatro octavos; tres cuartos; cuarenta y siete por ciento; cero treinta y dos por ciento; uno cinco décimas; un octavo; mil novecientos treinta y cinco; veintidós once; cuarenta y cinco mil cuatrocientos cincuenta, ochenta y siete; un millón ciento veintisiete mil cuatrocientos treinta y ocho; cinco octavos; dos millones trescientos setenta y siete mil ochocientos veintiuno; doce de octubre de mil novecientos ocho; cuatrocientos cuarenta y tres, setenta y ocho.

258.

1. cuando salía el tren; 2. cuando estudien los verbos; 3. cuando llegue a Madrid; 4. si no haces nada; 5. cuando se enteró de la noticia; 6. si hubieras estudiado más; 7. leyendo, cuando leía su artículo; 8. cuando murió el rey; 9. puesto que soy tu amigo; 10. si no te hubiera reconocido.

259.

1. está; 2. era; 3. estaré; 4. estoy ... soy; 5. es ... será; 6. estoy; 7. estoy; 8. estaba (o: está); 9. es ... está ... está; 10. es ... están ... estoy; 11. son ... son; 12. es ... estoy ... está ... ser; 13. estás; 14. es ... es ... está; 15. es ... estás.

260.

A. 1. testamento escrito a mano por el testador; 2. producto contra los hongos parásitos; 3. lo que enseña algo; 4. la persona que mata a un rey; 5. discurso en alabanza de una persona, elogio; 6. fotogénica es la persona cuyo físico se presta a sacar buenas fotografías; 7. animal que se alimenta de hierba; 8. persona que come carne humana; 9. enfermo del pulmón; 10. una granja apícola es una explotación de abejas; 11. explorador de cuevas subterráneas; 12. el lenguaje callejero es un lenguaje grosero y vulgar.

B. 1. martirizar; 2. legislar; 3. matricular; 4. telefonear; 5. rodear; 6. rodar; 7. pasear; 8. pasar; 9. arreglar; 10. monopolizar.

261.

1. a, 2. a; 3. a ... a; 4. a; 5. ... ... a; 6. a; 7. a; 8. a; 9. ...; 10. al; 11. a; 12. al; 13. a; 14. a; 15. a ... a.

262.

A. islote (de isla; pequeño y desprecio); solete (de sol; cariño); solito (de solo; cariño); hombrecito (de hombre; pequeño); tenderete (de tender, tienda; puesto de venta callejero); pobrecito (de pobre; cariño); mantequilla (de manteca; calidad); ricachón (de rico; desprecio); grandote (de grande; grande y desprecio); nubarrón (de nube; grande); feote (de feo; aumento y desprecio); plazuela (de plaza; pequeño); florecilla (de flor; pequeño y cariño); cajón (de caja; grande); chiquitín (de chico; pequeño y cariño); palomino (palomo; origen); poblacho (de pueblo; desprecio); villorrio (de villa; desprecio); poetastro (de poeta; desprecio); mujerona (de mujer; grande); amiguita (de amiga; afecto); amigote (de amigo; aumento y desprecio); banderín (de bandera; pequeño); reyezuelo (de rey; pequeño y desprecio); guapote (de guapo; aumento); cabezón (de cabeza;

aumento); amorío (de amor; desprecio); riachuelo (de río; pequeño); poquitín (de poco; disminución); palabreja (de palabra; desprecio); pequeñajo (de pequeño; desprecio); palabrota (de palabra; grosería); machote (de macho; intensificación); cuartucho (de cuarto; desprecio); padrazo (de padre; cariño excesivo).

B. pececito - cucharita, cucharilla - burrito, borrico - pajarito, pajarillo - palomita - barquito, barquichuelo - chiquito, chicuelo - casita - Joselito, Pepito - Carmencita - Francisquito, Paquito, Frascuelo - Dolorcitas, Lolita - Juanito, Juanillo - Conchita - listillo - calleja, callecita - feíllo, feúco, feúcho - riachuelo - maquinita, maquinilla - risita - grandecito - pequeñito, pequeñuelo - animalito - cuadernito - negrito.

C. cucharón - hombrón, hombrachón, hombrote - librote - grandote - bocaza - casona - buenazo - papelón - dulzón - animalote - perrazo - torreón - zapatón - solazo - nubarrón - ojazos - sabiazo - picarote - manaza.

D. pueblucho - calleja - aldeorrio, aldeúcha - poetastro - caballejo - pequeñajo - papelote - tipejo - dulzarrón, dulzón - mujerzuela - hominicaco - libraco, librete - santurrón - feote - lugarejo - novelón, novelucha.

263.

la peseta - el franco - la lira - el marco - el chelín - el rublo - el sol - el sucre - el bolívar - el escudo - el peso argentino - el peso mejicano - la dracma - el leu, pl. lei - la libra esterlina - el florín - el dólar - el balboa - el peso colombiano - el franco belga - la libra turca - el franco suizo - el escudo - el yen.

264.

A. 1. lleva, 2. presentó; 3. lleva; 4. emite; 5. lleva; 6. extender; 7. concedan; 8. pronunció; 9. tomar; 10. cumplo; 11. llenar; 12. lanzado; 13. soltar; 14. cumplir; 15. vengas.

B. 1. despertado; 2. estudiar; 3. saldrá; 4. pasamos; 5. hacerle; 6. hará; 7. contraer; 8. da; 9. aparenta; 10. chocó ... hundió; 11. arregla; 12. llama; 13. echar; 14. gusta; 15. pasar; 16. lleva; 17. pongas; 18. dio; 19. tirado; 20. rinde.

265.

1. el termómetro; 2. el barómetro, 3. el dinamómetro; 4. el metro; 5. el higrómetro; 6. el pluviómetro; 7. la palanca; 8. la balanza; 9. la bomba; 10. el microscopio; 11. el telescopio; 12. el anteojo (el catalejo, los prismáticos); 13. el cronómetro (el reloj); 14. la grúa; 15. el anemómetro.

266.

1. estoy; 2. es; 3. es; 4. son; 5. estás; 6. ha sido; 7. está; 8. ha sido ... ha estado; 9. estoy; 10. somos; 11. es; 12. está; 13. es; 14. estar; 15. son.

267.

La claridad del cielo - la fidelidad del perro - la pereza del alumno - la soledad de una iglesia - la tristeza de la muchacha - la fuerza del buey - la distracción de un sabio

- la dureza del hierro - la calvicie del hombre - la dificultad de un tema - la genialidad de una jugada - la elegancia de la mujer - la sensibilidad de un artista - la aridez de un terreno - la solidez de un edificio - la esbeltez de un cuerpo - la fragancia de una flor - la abundancia de la cosecha - la alegría de la juventud - la habilidad de un jugador - la blancura del cisne - la madurez del fruto - la violencia de la tempestad.

268.

A. 1. cuelga; 2. poner; 3. representan (ponen, dan); 4. corrido; 5. darme; 6. hazte; 7. pongo; 8. dado; 9. echando; 10. cogen; 11. chocó; 12. sabe; 13. da; 14. tomar; 15. dimos.

B. 1. toman; 2. corre; 3. dado; 4. despide; 5. corre; 6. echar; 7. cae; 8. tomar; 9. echó; 10. tenido; 11. tira; 12. disparamos; 13. conduce; 14. ganó; 15. tomo.

269.

1. ganó el primer premio en la lotería; 2. a) decir una palabra, expresar mi opinión; b) ganar en el juego de cartas; 3. es muy difícil; 4. presume mucho con ...; 5. a comer algo; 6. ... muy bien; 7. se extendió rápidamente; 8. no dijo una palabra; 9. bizco; 10. ... sin un céntimo; 11. a) pintor de paredes; b) pintor muy malo; 12. completamente lleno; 13. aprovechándose ..., viviendo sin trabajar; 14. no asistió a la reunión; 15. me creo bien dispuesto o con suerte.

270.

1. es crédulo, es poco escrupuloso; 2. escaparse; dejar el trabajo para los otros; 3. de buen carácter; 4. persona de poco juicio; 5. a toda velocidad; 6. hablando u obrando de modo inoportuno; ... desatinando; 7. se ruboriza fácilmente; 8. ... estás distraído; 9. en busca de una situación mejor; 10. se vive en la abundancia; 11. me entró un miedo muy grande; 12. no me fue posible decir nada; 13. a medio izar, en señal de duelo; 14. aterido; tenía mucho frío; 15. arriesgamos todo.

271.

1. agravarse; 2. acercarse; 3. enflaquecer; 4. adaptar; 5. aterrizar; 6. amarar; 7. afrontar; 8. acomodar; 9. acondicionar; 10. nublarse; 11. encarcelar; 12. encarecer; 13. encorvar; 14. adornar; 15. adormecer; 16. adoquinar; 17. alinear; 18. engordar; 19. encender; 20. ennoblecer.

272.

1. incansable; 2. tolerable; 3. impermeable; 4. inagotable; 5. llamativa; 6. indigesta; 7. inodora; 8. temible; 9. enfadadiza; 10. incolora; 11. miope; 12. afónica; 13. manca; 14. acéfala; 15. insípida; 16. atolondrada; 17. vaga; 18. despreciable; 19. inmortal; 20. enfermiza.

273.

1. cubierto de nubes; 2. auténtico; 3. artificiales; 4. belicista; 5. ya madura; 6. fuerte; 7. pronta; 8. escasa e insípida; 9. efectivo; 10. sencillo; 11. llano;

12. tempestuoso; 13. la parte trasera, popa; 14. los alejados del mar, continental; 15. durante la noche, nocturno.

274.

1. es muy listo; 2. que se burlen de mí, que me engañen; 3. muy valiente, muy fuerte; 4. que te va a hacer daño; 5. tiene muy buena vista; 6. estaba muy hambriento; 7. finge no darse cuenta; 8. se reían muchísimo; 9. a despreciar a los demás; 10. es guapa y arrogante; 11. tuvo un buen negocio, se aprovechó; 12. no cedió, se opuso, no se dejó convencer.

275.

1. enseña; 2. aliñar; 3. dado ... suspendido; 4. juega; 5. poner; 6. echado; 7. ca; 8. cursar; 9. echar; 10. da.

276.

A. 1. llevar; 2. tener; 3. dieron; 4. echar; 5. tiene; 6. dar; 7. sacar; 8. perdonó; 9. toca (cae); 10. vuelve; 11. sumido; 12. corres; 13. despertado; 14. grabado; 15. hacerme.

B. 1. marca; 2. pronunció; 3. dio; 4. conceder; 5. hacerte; 6. decir; cantar; 7. aplicar; 8. resulta; 9. prendieron; 10. tomar; 11. da; 12. echar; 13. echar; 14. hagas; 15. puso.

277.

tridente, que tiene tres dientes; tricornio, tres cuernos; triángulo, tres ángulos; monógamo, que está casado con una sola mujer; monolito, monumento de piedra de una sola pieza; monóptero, edificio formado por un círculo de columnas que sostienen un techo sin paredes; bienio, período de dos años; trienio, de tres; pentágono, polígono de cinco lados; pentagrama, renglonadura de cinco líneas paralelas sobre la cual se escribe música; sexagenario, que tiene entre 60 y 70 años; centenario, que tiene cien años; poliglota, que conoce varios idiomas; polígamo, que tiene a un tiempo varias mujeres, en calidad de esposas; monólogo, escena dramática en que habla un solo personaje; diálogo, conversación entre dos o más personas; dúo, composición que se canta o se toca entre dos; trío, conjunto de tres voces o instrumentos; triunvirato, magistratura romana de tres personas; terceto, combinación métrica de tres versos endecasílabos.

278.

1. sea ... estamos; 2. están ... es; 3. son; 4. son ... están; 5. es; 6. estás; 7. es ... está; 8. estamos; 9. es ... está; 10. era ... estuviese ... es; 11. están ... son; 12. es ... está; 13. es ... está; 14. es; 15. está.

279.

1. hepática; 2. alpina; 3. andina; 4. crediticia; 5. olvidadiza; 6. vinícola; 7. cuprífero; 8. costeras; 9. cinegético; 10. preguntón.

280.

una amapola - un cordero - una azucena - un roble - el carbón - la nieve - una rosa - un asno - un zorro - el agua - el hielo - el pan - una ardilla - la paloma - un pavo real - un tigre - un león - el borrico - un pinzón - un demonio - el granito - un pino - la serpiente - una liebre - una urraca - una rata.

281.

1. estoy ... son; 2. son ... están; 3. está ... es; 4. es; 5. está; 6. está ... son (o: han sido); 7. eres ... estuviste; 8. es; 9. estás; 10. es ... está; 11. es; 12. está; 13. son ... están; 14. soy; he sido; 15. estás.

282.

1. el agua; 2. el camello; 3. la mujer; 4. el castellano; 5. Fernando V; 6. Mallorca; 7. filmar; 8. Simón Bolívar; 9. Jerusalén; 10. Barcelona.

283.

1. con los cuernos arreglados; 2. el torero salió de la plaza aclamado por la multitud; 3. ... ofreció el primer toro a un espectador de gradería; 4. completamente llena; 5. el público comenzó a animar con palmadas y expresiones a los toreros; 6. ... hubo silbidos y aplausos; ... recibió como premio a su brillante actuación, las dos orejas y el rabo; 7. ... hundiéndole el estoque hasta la mitad; 8. Al primer intento de matar al toro, hiriéndole con la punta del estoque en la cerviz, protestó el público; el presidente llamó la atención al torero (por su mala actuación); 9. ... elevó a la categoría de torero al (que hasta entonces era sólo) novillero; ... los dos pasearon por la plaza, saludando al público y correspondiendo a sus aplausos; 10. será muerto con el rejón un toro (en el toreo de a caballo), y uno de los matadores hará manifestación pública de que deja su profesión de torero.

284.

A. 1. tomar; 2. presentado; 3. emitir; 4. ejerce; 5. entrará en; 6. tomar; 7. sancionada; 8. dar; 9. cumpliré; 10. dado; 11. acusar; 12. dado; 13. mandar; 14. dar; 15. volverá.

B. 1. caí; 2. lleva; 3. tomar; 4. enviar; 5. hace; 6. soltar; 7. salvado; 8. poner; 9. dar ... mandado; 10. entres (entrarás); 11. saca; 12. ver ... hace; 13. conciliar; 14. corre; 15. dice.

285.

1. petrolífero; 2. imperial; 3. intestinal; 4. episcopal; 5. campesina; 6. climáticas; 7. condal; 8. aurífera; 9. subcutánea; 10. paternal.

286.

1. al llegar; 2. al darse cuenta; 3. de no ser; 4. antes de salir; 5. de no conocer; 6. al llegar; 7. de poder; 8. al salir; 9. de no tomarlo; 10. antes del amanecer; 11. por no querer; 12. caso de estar; 13. de llegar; 14. con explicárseme; 15. de no enterarse ellos.

287.

1. muy valiente, muy fuerte; 2. ... se agria, se vuelve; 3. ... ya no obra con razón; 4. ... siempre habla con mucha (o excesiva) franqueza; 5. ... lo conozco muy bien; 6. ... el primer premio; 7. ... inseguro, sin decidir; 8. cuidado con ...; 9. ... dejarme plena libertad; 10. ... salir corriendo, marcharme cuanto antes; 11. resignarse; 12. está en desorden.

288.

1. sido ... estado ... soy; 2. está; 3. están; 4. estuve ... estuve; 5. es ... está; 6. estoy; 6. estaba; 8. era ... es; 9. son; 10. está ... es ... es ... es ... está; 11. estaba; 12. está; 13. sido ... está; 14. es (era); 15. estoy.

289.

1. incumbir; 2. rescindir; 3. desterrar; 4. inmigrar; 5. emigrar; 6. innovar; 7. sepultar; 8. diligenciar; 9. domar; 10. disgregar; 11. dilapidar; 12. desmenuzar; 13. vislumbrar; 14. coadyuvar; 15. arengar.

290.

1. París; 2. el león; 3. Roma; 4. Felipe II; 5. Mallorca; 6. Lope de Vega; 7. Jerusalén; 8. Gibraltar; 9. Carlos V; 10. los toros.

291.

1. celeste; 2. médica; 3. paternal; 4. maternal; 5. fraternal; 6. musical; 7. real; 8. ovoide; aovado; 9. física, corporal; 10. dominguero; 11. secular; 12. matinal; 13. creíble; 14. inverosímil; 15. inveterada.

292.

1. está; 2. es; 3. está; 4. estás; 5. es; 6. es; 7. estoy; 8. está; 9. es; 10. estuvo; 11. están; 12. es; 13. está; 14. estás; 15. está.

293.

1. ... dio un puntapié al balón; 2. va muy bien; 3. ... en este partido ha habido trampa, (un equipo ha aceptado dinero para dejarse ganar); 4. en las apuestas sobre los partidos de fútbol; 5. ... partidario entusiasta del ... ; 6. por haber cruzado su pierna con la de otro jugador, para derribarle; 7. detuvo el balón de una manera sorprendente, impidió con gran maestría que el balón llegase a la red; 8. ... de lo que ocurría en otros campos, con otros equipos, (según se podía apreciar por el tanteo que iba apareciendo en el marcador), que del partido o encuentro que estaba presenciando; 9. ... dejarse colocar tres tantos. No tienen sus contrarios suficiente resistencia. 10. El balón dio en el poste y salió otra vez al campo. No fue un tanto por verdadera casualidad.

294.

1. encarcelar; 2. encaminar; 3. encajonar; 4. embarcar; 5. encasillar; 6. enfilar; 7. enfundar; 8. envasar; 9. enjaular; 10. enterrar.

295.

A. 1. en ... a ... a; 2. contra; 3. ... al; 4. de; 5. a ... sobre; 6. con; 7. de; 8. a; 9. de ... en; 10. de.

B. 1. en ... de; 2. a; 3. de; 4. a; 5. de ... a ... ; 6. ... de; 7. ...; 8. a; 9. en ... a ... de; 10. de.

296.

1. a mi regreso; 2. tus manifestaciones; 3. sus palabras ... sus hechos; 4. tus preferencias; 5. tu conducta; 6. personal; 7. la determinación de su hijo; 8. incesante ... dormir, 9. la dimisión del Presidente; 10. trabajando.

297.

1. prescribe, receta; 2. ocupa; 3. pronunció; 4. divulgaras; 5. concedido; 6. ha causado; 7. rodada; 8. dio ... derramar; 9. levó (echó); 10. extendido; 11. expidió ... otorgado; 12. da.

298.

1. descarrilar; 2. veranear, 3. atesorar; 4. bastar; 5. buscar; 6. callejear; 7. carecer; 8. enfrentar, 9. aclarar, elucidar; 10. vendimiar.

299.

1. es; 2. es; 3. estamos, 4. es; 5. es; 6. está; 7. es; 8. está; 9. eres; 10. es; 11. es; 12. es; 13. está; 14. son; 15. estás.

300.

1. anoche; 2. anteanoche; 3. anterior; 4. anteguerra; 5. posguerra; 6. antedicho; 7. antediluviano; 8. posdata; 9. ancianidad; 10. posteridad; 11. antedata; 12. antecesor; 13. antesala; 14. antaño; 15. hogaño.

301.

1. venga, 2. triunfará; 3. llueva, lloverá; 4. puedas; 5. viva; 6. mande; 7. diga ... sigue; 8. tuviéramos, 9. siguiera; 10. cortaré ... pueda.

302.

1. si no fuera así; 2. cuando se ponía; 3. a pesar de que es tan listo; 4. si hubiera nacido un año antes; 5. porque estaba enfermo; 6. si me hubiera enterado de esto; 7. cuando salí de la Universidad; 8. si no fuera quien es; 9. si te digo; 10. como no te encontré en casa.

303.

1. a; 2. a; 3. ... ...; 4. a ... a ... ...; 5. a; 6. al; 7. a ... a; 8. ... a; 9. a ... ...; 10. ... a, 11. a ... a; 12. a ... ...; 13. a; 14. a; 15. ... a ... .

304.

1. la rosa; 2. el león; 3. Irlanda, 4. Alfonso X; 5. Atila; 6. Valencia; 7. Bismarck; 8. Inglaterra, 9. Madrid; 10. Cervantes.

305.

1. No he estudiado, no sé nada; 2. ... papel con apuntes, que llevo escondido para poder copiar en ... ; 3. un soplón, un espía, un delator; 4. No me han aprobado; 5. ... prepara mucho sus lecciones, estudia mucho; 6. ... una pregunta capciosa o difícil de contestar, 7. ... centro de enseñanza donde se aprueba muy fácilmente; 8. ... le han suspendido; 9. ... deja de acudir a clase; 10. latoso, fastidioso, pesado; 11. ... fue aburrida, pesada; 12. ... ha conseguido sin ningún esfuerzo un empleo, lucrativo y cómodo, por mediación del director; consigue lo que quiere del director; 13. El que diga algo, será castigado; 14. ... es fácil copiar de algún papel con apuntes que se lleva escondido; 15. ... te apuntaré lo que tienes que decir, aunque el bedel esté delante de ti.

306.

1. el agua; 2. gotas; 3. la cera ... un cadáver; 4. camisa; 5. un pavo real; 6. una tapia; 7. la hoja de un árbol (como un azogado); 8. una ostra; 9. un gamo; 10. perro y gato; 11. un pinzón; 12. mi propia casa; 13. la seda ... el coral; 14. una cuba; 15. una chimenea; 16. un zorro; 17. un mono (una ardilla); 18. un borrico; 19. boca de lobo; 20. una lima.

307.

1. el caballo; 2. la cama; 3. la lucha (la pelea); 4. el médico; 5. el verano; 6. la casa; 7. el bastón; 8. la cara; 9. el aspecto; 10. el concurso; 11. la lucha; 12. la ciudad, 13. el barco; 14. la silla; 15. el aceite; 16. el perro de caza.

308.

A. 1. proyectan; 2. me marcho, me voy; 3. este hombre, este señor; 4. esta mujer, señora, es muy atrevida; 5. aparta este perro; 6. las criadas; 7. ... bicicleta; 8. ... acepte la responsabilidad; 9. ... policía; 10. anda bien, corre mucho; 11. funciona, hace lo que debe hacer; 12. se va a producir un gran escándalo.

B. 1. ... no soy insensible; 2. no te preocupes demasiado; 3. ... es el más perezoso de todos; 4. sin llamar la atención; 5. ¡Palabra! ¡con toda sinceridad!; 6. ... a marcharme; 7. ... por pura simpatía, sin que tú te esfuerces; 8. ... no puede ser de otro modo; 9. ... engañen; 10. ... bien, cómodamente; 11. dar un ataque de nervios; 12. un hambre que ya me duele el estómago.

309.

1. a; 2. a; 3. con; 4. al; 5. de; 6. en; 7. con; 8 del; 9. de ... de; 10. de ... de ... en; 11. de; 12. de; 13. de; 14. de; 15. de.

310.

1. oro; 2. gallina ... punta; 3. desierto; 4. en río; 5. luna; 6. Villadiego; 7. largo; 8. pegado; 9. mosca; 10. pantalones; 11. corriente ... contraria; 12. pólvora; 13. ojo; 14. novillos; 15. fuego.

311.

la policía - la poliomielitis - el cinematógrafo - la taquimecanógrafa - el director - el subterráneo - la televisión - el micrófono - las matemáticas - el taxímetro - el profesor - la milicia - la motocicleta - el colegio - el limpiabotas.

312.

1. a; 2. en; 3. con; 4. de; 5. en; 6. de; 7. en; 8. a; 9. por; 10. a; 11. del; 12. de; 13. a; 14. del; 15. del; 16. por; 17. al; 18. de; 19. a; 20. en; 21. con; 22. al; 23. a; 24. de; 25. a; 26. en; 27. en; 28. al; 29. de; 30. a.

313.

1. ... coche ... conduce; 2. darnos prisa; 3. telón de acero; 4. cerillas; 5. chaqueta, americana; 6. dinero; 7. a tres manzanas de aquí; 8. talonario de cheques; 9. patatas; 10. tirar; 11. anuncio; 12. paquete.

314.

1. está ... ser; 2. es; 3. estamos ... es; 4. es ... estaremos; 5. Es ... está; 6. estás; 7. Estás ... es; 8. es; 9. es ... está; 10. son ... están; 11. estás; 12. era; 13. es; 14. está; 15. estás ... soy.

315.

1. taberna, tasca ... camorrista; 2. muchacha (de servicio); 3. los gauchos (nombre colectivo); 4. fuego, hogar, lumbre; mujer; 5. una vez que haya llovido vamos a ...; 6. Vd. tiene una falda muy bonita; 7. adiós ... coger; 8. piso ... muy bonito; 9. carnicería; 10. jaleo, alboroto.

316.

1. por ... a ... de; 2. de ... sin; 3. en ... del ... en; 4. a; 5. por ... a; 6. a ... de; 7. a ... por; 8. ...; 9. a ...; 10. a ... de; 11. al ...; 12. a ... por; 13. con ...; 14. por ... .

317.

1. diciendo; 2. siguiendo; 3. diciéndolo; 4. sacándome; 5. encontrándome; 6. viendo ... soltando; 7. tomando; 8. viendo; 9. teniendo; 10. tomándolo; 11. dejándose; 12. agarrándose; 13. haciendo; 14. liándose; 15. pidiéndolo.

318.

1. de ... con ... de; 2. de ... de; 3. por; 4. de; 5. con ... con; 6. a; 7. en ... en; 8. de ... ... a ... a; 9. de; 10. en; 11. con; 12. a ... por; 13. a; 14. de ... a ... a; 15. para; 16. para; 17. contigo ... a; 18. a; 19. al ... a ... a; 20. a por.

319.

1. entré ... indicó ... ocupase ... había; 2. haya fracasado ... pueda ... hagas; 3. lleguemos; 4. se reunió ... asistieron ... cambiaron; 5. está ... aguante; 6. tengas ... fueses; 7. habrá recibido; 8. estén ... piensas; 9. vi ... suponía ... había aprobado; 10. son ... parece ... vayas.

320.

1. Las maletas se las hemos prestado a un turista. A un turista le hemos prestado las maletas. Se las hemos prestado a un turista. Le hemos prestado las maletas. Se las hemos prestado.
2. Los billetes se los enseñó el revisor al jefe de tren. Al jefe de tren le enseñó el revisor los billetes. El revisor se los enseñó al jefe de tren. El revisor le enseñó los billetes. Se los enseñó.
3. Un cable se lo pusieron a la familia. A la familia le pusieron un cable. Se lo pusieron un cable. Se lo pusieron.
4. El collar se lo regaló a la novia el padrino. A la novia le regaló el collar el padrino. El padrino se lo regaló a la novia. El padrino le regaló el collar. Se lo regaló.
5. El coche se lo vendí a unos tipos muy estrafalarios. A unos tipos muy estrafalarios les vendí el coche. Se lo vendí a unos tipos muy estrafalarios. Les vendí el coche. Se lo vendí.
6. Un par de inyecciones se las puso a los heridos un practicante de aldea. A los heridos les puso un par de inyecciones un practicante de aldea. Se las puso a los heridos un practicante de aldea. Un practicante de aldea les puso un par de inyecciones. Se las puso.
7. El televisor se lo hemos comprado a los abuelos. A los abuelos les hemos comprado el televisor. Se lo hemos comprado a los abuelos. Les hemos comprado el televisor. Se lo hemos comprado.
8. ¿Los libros se los has devuelto al vecino? ¿Al vecino le has devuelto los libros? ¿Se los has devuelto al vecino? ¿Le has devuelto los libros? ¿Se los has devuelto?
9. El importe se lo acabo de girar (o: acabo de girárselo) a la fábrica. A la fábrica le acabo de girar (o: acabo de girarle) el importe. Se lo acabo de girar (o: acabo de girárselo) a la fábrica. Le acabo de girar (o: acabo de girarle) el importe. Se lo acabo de girar (o: acabo de girárselo).
10. La escritura se la devolveremos al notario. Al notario le devolveremos la escritura. Se la devolveremos al notario. Le devolveremos la escritura. Se la devolveremos.